中华武术典籍珍藏

民国武术文献选刊

第二辑　第二卷

崔虎刚　收集整理

北京体育大学出版社

责任编辑：井亚琼
责任校对：刘艺璇
版式设计：高文函

图书在版编目（CIP）数据

民国武术文献选刊. 第二辑. 第二卷 / 崔虎刚收集整理. -- 北京 : 北京体育大学出版社, 2024.1
（中华武术典籍珍藏）
ISBN 978-7-5644-4007-7

Ⅰ. ①民… Ⅱ. ①崔… Ⅲ. ①武术－文献－汇编－中国－民国 Ⅳ. ①G852

中国国家版本馆CIP数据核字(2023)第254995号

民国武术文献选刊. 第二辑. 第二卷 崔虎刚 收集整理
MINGUO WUSHU WENXIAN XUANKAN. DI-ER JI. DI-ER JUAN

出版发行：北京体育大学出版社
地　　址：北京市海淀区农大南路 1 号院 2 号楼 2 层办公 B-212
邮　　编：100084
网　　址：http://cbs.bsu.edu.cn
发 行 部：010-62989320
邮 购 部：北京体育大学出版社读者服务部 010-62989432
印　　刷：北京雅图新世纪印刷科技有限公司
开　　本：710 mm × 1000 mm 1/16
成品尺寸：170 mm × 240 mm
印　　张：10.75
字　　数：112 千字
版　　次：2024 年 1 月第 1 版
印　　次：2024 年 1 月第 1 次印刷
定　　价：98.00 元

筹委会

（排名不计先后）

【河北】

王雪松 董智勇 侯晓山 张春光 智　泳 李向东 王弘武 苏建中 魏朝辉
王英臣 赵　军 段雷朋 王欢迎 孟祥国 刘明华 王文革 董法胜 卢宝库
马新华 孟令斗 李学兵 龙　威 狄松涛 牛树天 孟令聪 张永泽 孟令兴
孟令江 张思雨 高立新 陆明文 赵世君 张守安 王向东 赵永亮 曹彦场
刘　念 许　栋 卢保卫 庄国伟 孙　健 巩国平 孙　振 姜海伟 徐书长
王　宾 王永涛 赵志勇 张剑军 孟祥龙 柴海生 田卫民 王铁英 张继斌
秦晓悦 刘红强 王长军 田振伟 田　伟 闫庆洪 郎立成 张坤伟 李　波
周　弘 郗建勋 刘光芒 王福庆 张星一 董贵轩 高国辉 孟春华 陈志刚
张增海 李常琳 章建春 张　斌 李　冰 王小龙 鲍玉龙 常　军 李会锋
盖国海 张铁柱 钟俊峰 张根云 任增良 宋分成 李保辉 卜元法 刘　雷
封佳良 李立兵 郝桂英 杨志英 赵连江 张　聪 夏令虎 李正国 丁　强
李文龙 王学武 陈宇明 李金龙 张　义 牛志勋

【山西】

李旭东 刘笃义 苗树林 李乃勤 张振杰 陈贵更 姚建东 张　欣 邢晓朝
王连恒 王　兵 马德祥 薛文江 温锦铭 杨　军 郝利华 李俊杰 王守禄
董冬元 张奇林 任晓平 沈炜东 赵京生 刘叔勤 梁光平 郭玉文 李　白
王理生道长 吴志刚 阎子龙 王宏伟 王　建 李德仁 郭润泽 高玉兔
许青行 孙君荣 陈　娟 赵国华 王银辉 胡晓琴 田志丹 韦树杰 温玉恩
胡元亮 马海平 张玉全 阴建文 王日兵 郭　扬 释妙修 高全民 何　军
冉高峰 李正业 王勇义 晨　曦 田正西 马学恩 郭晋博 王建筑 高宝东

王太晨　侯庆林　朱喜何　宋宝贵　宋俊芳　吴会进　王俊香　张楗军　王德俊
胡佳锋　王雨东　李青峰　史德全　吕　卓　梁文章　李宇鹏　于庆海　吕永昌
吕传泳　李景福　乔一铭　王攀峰　石大永　姬俊峰　贾国喜　吴利生　吴利民
杨志忠　胡安辉　曹中义　胡丽娟　武　冬　王　勇　陆向春　高　静　姬　才
殷文军　王苗祥　王仲文　江俊峰　张丕锋　白玉仁　刘铁铸　秦同文

【内蒙古】

刘井春　褚海东　孙根新　宋仿琛　范健宇　武静安　刘永文　郭迎宾　王浩亮
卢爱琴　乾　坤　白景春　张国华　吕瑞亭　刘世君　周彦明

【北京】

胥荣东　康戈武　徐　杰　于昕洋　肖红艳　酒大雷　姜启超　聂志涛　刘　翊
吕鸣捷　赵安平　尚远宇　王　凯　孙汝贤　牛立新　孙国中　党雪田　高晓光
贾永安　邸国勇　乔　宁　辛　强　刘　铄　程庆余　王　桐　赵天阳　左宇彤
韩俊瑛　孙嘉浜　孙文景　白石羽　德　全　欧　阳　万周迎　徐　鹏　刘路遥
李　谷　左　健　付洪波　成金俊　黄志刚　李　戈　彭　龙　陈　轶　高雪峰
王宝山　王中行　王沥斌　贞　达　孙庆丰　薛　岩　李　迎　张　斌　洛　尘
张　磊　金　微　秦保华　杨文学　王庆年　徐　许　刘福龙　孙国柱　刘满常
于　浩　张国儒　刘万成　于　江

【天津】

崔　巍　于经元　胡向阳　刘宝林　张天龙　张金旺　丁伯立　顾海波　赵文龙
王　诜　王福勇　崔媛媛　马延凯　张聚贵　孙国善

【辽宁】

刘洪刚　任　彬　于万凯　孟　涛　黄中元　高　朋　万　勇　梁　丰　孔德林
潘大庆　王秀如　臧福源　李保刚　薛圣东　孙贵东　袁　波　张　悦　韩宝轩
蒋秀山　侯　明　乔　武　刘英伟　张国志　刘计星　李金友　高　宇　马　畅
郑维钧

【吉林】

张　河　邓宇光　李　银　丁　皓　骆立文　王君波　孟　宇　徐厚祥　佟　冰
倪　郝　赵　耀　郭其武　袁洪范　刘　君

【黑龙江】

佟亮辰　张艳阳　陈玺镔　张指辉　王　皓　宋　梁　郭宝成　陈　斌　刘立国
毕文波　杜伟国　黄忠伟　李　冰　吴　俣　曹志峰　马宏伟

【河南】

张雄鹰　种明生　郭航海　王志远　贾自愿　安呈林　朱利军　释延布　杜长坤
刘启飞　石　勇　王农川　郑营俊　常青州　张　艺　马众森　王占敏　巩建松
倪根上　陈近仁　李朝乾　李紫剑　邢红义　李佩革　刁修华　梁靖予　宋尚军
释延巽　李红林　赖庆新　陈万军　郝跟上　张　帆　恒　勇　王子淳　张亚东
孙明亮　魏淑云　赵振选　王会武　耿　军　买西山　买　威　时晓武　买　勇
买仁萍　仵　锋　马德占　王长明　张伟兵　代忠波　张　玮　段建民　孙保才
李小欣　酒同标　酒小郎　苗轩国　孙和龙　孙随成　焦立武　王建设　刘培兴
苗鸿宝　苗步超　张运生　苗田营　苗富强　杨德民　胥兆飞

【湖北】

徐　斌　张建生　李应龙　刘　杰　石　峰　田　浩　夏四鸿　梁靖予　陈玄机
瞿凤华　秦声浩　严　飞　姜学斌　郑桂桐　胡炳林　李德民　薛兴江　胡圣奎
王卫红　焦通章　徐赐兵　黄亚平　戴珂铭　张　显　刘秋龙　马国平　薛劲松
李志武　丁大益　黄胜文　唐俊虎

【湖南】

苏若鸣　陈开喜　王常秀　张常海　邹　骁　刘建湘　黎昌元　向军华　张继桂
蒋谷川　滕召军

【广西】

黄耀丹　夏　敏　唐晓艺　严翰秀　赖铭强　梁杰乔　张容嘉　廖贤阳

【广东】

于鸿坤　蒋荣杰　任官生　蒋子龙　张俊林　蒋化一　李湘山　刘　泉　沈建杰
余锐镔　张勇强　方　金　陈　执　毕荣俊　刘志坚　靳清江　马廉祯　吴广添
邵剑波　梁伟民　颜志图　吴启贤　陈　伟　王　贵　张梦阳　陈福和　廖锦泉
方应中　陆常康　杨亚国　房向南　陈健志　覃海权　徐　宏　梁柏清　赵刚生
江善祯　房　生　黄　熠　李伟光　贾华兵　王会哲　林国生　吴晓辉　吴立群
冼伟昭　梁文楷　黄仕君　曾奕涵　钟立强　陈会崇　杨柳标　王邦菊　张广辉
刘志添　刘春涛　杨春茂　詹亮清　莫华法　罗浩苑

【深圳】

郑喜平　周　华　李翰青　曹革林　苏洪海　梁　丰　贾永唐　徐百军　连　成
蒋定臻　王继勋

【海南】

梁昌泰　张　雷　李　秀　陈东升

【山东】

高鹏熙　李满利　张松仁　谭京杰　王　刚　马　斌　刘　毅　孙胜辉　周云峰
王玉金　尤明达　厉善祥　刁长俊　周庆春　孙丰玺　许　峰　王芝强　王　斌
刘维明　战文腾　宫智辉　倪德飞　孙思蒙　张　斌　郝代远　史　鼎　康汝宙
郭　宁　张长生　赵延俊　张胜利　张克田　周　游　刘　伟　安宝东　刘军农
董玉明　王景钏　贾友民　张树远　李保庆　王继国　王焱鹏　潘　章　高　承
李万温　张卫东　王宏全　王　伟　梁国爱　李海涛　李飞林　刘连洋　王国川
郑中华　张彦营　姚　磊　刘东强　白正刚　吕延波　洪卫国　张延斌　谷志强
孙晞棠　赵国忠　邓　桦　曹广超　周　琦　陈　雷　泰　祯　李安国　郭英新
徐西林　董志忠　张乐华　孙瑞全　张元海　刘龙昌　谭凯文　冯长源　杨　雷
张　涛　李其胜　梁殿品　张祥泽　朱宗启　薛士玉　杜孝伟　朱永强　樊　霄
杨圆义　刘道毅　李若现　王立岩　要学良　刘圭生　郭玉刚　张　鹰　李金顺
彭维利

【江苏】

杨　忠　窦小彦　许　忠　江其林　兰顺林　王存果　刘季月　周晓明　卜照生
张　亮　马　伟　时丕昌　师厚春　徐　帆　林圆龙　梁　雪　王新跃　谢逸繁
李　胜　解建昌　张爱成　沈枫涛　翟爱武　王吉波　张爱春　王海港　胥子连
毕明府　程　明　刘　通　陈军民　虞洪涛　张　滇　陈灏梁　景怀义　韩运疆
宫翠峰

【浙江】

仇富军　吕　亮　倪顺坚　孙　吉　杨秦健　张　斌　金　翰　王良辰　李继红
蔡德强　戴有木　张青松　马俊成　刘　柱　俞永辉　刘立存　李诚勤　张　俊
高宜挺　许科军　俞佐清　顾　坚　王圣华　刘小峰　杨　华　陈碧如　邓显群
顿鹏辉　江　澜　王一静　姚步高　江敏华　王纪杰　蒋　文　陈宇阳　钱周锋
周　明　蒋仲清　陈幼根　周　锋　陈沛宝　赵　青　凌风子　景　然　周美良
潘小江　卢成昌　潘石弟　凌懿文

【福建】

王福民　蔡卫权　倪忠森　王振河　张祖永　蒋秀山　许剑云　陈向荣　孟庆贺
连国汉　林　峰　俞景耀　陈恒演　涂智兴　罗建晖　林和顺　胡文辉　梁　涛
林建栋　吕信明　周　攀　杨　晗　刘有春

【安徽】

胡春泉　曹　军　钱军帅　祝安园　聂红松　江　奎　魏　冰　毛立欢　冯　皓
欧阳兴业　马　林　铁中玉　刘俊杰　王靖华　武爱东　陈晓东　徐永银
吴　笛　陈　军　赵　飙　张宏华　王　磊　吴　昊　胡卫东　吴　伟　谭全胜
刘法志　汪　泉　乔长良　朱红军　杨纯生　卫　存　卢　杰　秦　琥　王学东
聂　刚　曹其根　曹季泉　曹加才　纪良发　曹　凯　董德霖　张　博

【江西】

熊庆云　钟水清　李舒霖　郭木青　王联军　唐毓堃　张功燚　李江明　屈　群
刘　超　应宗强　李洋洋　陈　军　乐　繁　代建国　钟祥明　虞法志　章新尧
林爱兵　林国生　刘炳开　童加清　李曦初　李海斌　王禹平　崔瑞郡　李广华

【上海】

林　杰　谭振勇　朱长跃　樊永平　杨雨辰　金培贤　金俊达　尹　捷　薛怡平
鞠学东　阚水源　凌先生　孙连盛　杨志承　孙经纬　王宝财　谢琦辉　刘　志
何轻舟　吴爱民　宋　旭　游　清　释永照　董家良　董纲成　陆龙祥　陈海光
梅永福

【陕西】

李　钢　张　钢　郭华东　邵　华　杨俊伟　罗　德　董安强　贺元瑞　杜群喜
杨伟峰　王晨生　杨　坚　白永东　孙　武　陈少纯　郭桂荣

【甘肃】

郝心莲　辛富国　金　宏　李宝才　温世杰　马　伟　汪子竣

【宁夏】

杨文舜　梁杰乔　吴　涛

【青海】

马宏伟　朱春明

【新疆】

赖宝珊　任　军　黄尘哲　张新民

【云南】

黎丽辉　曾　瀚　李太宏　鄢　博　赵顺军　张晨光　叶昆生

【贵州】

杨绍平　谢明宇　刘　曦　孙鲁龙　黄　檗　刘庆涛　曾昭弟

【四川】

侯　毅　古海啸　梁军民　金　亚　李　阳　周新杰　罗　斌　王伟骅　陈兴均
曹　卉　兰　唯　唐博文　郭　建　邱湘彭　罗小波　唐　昶　黄趾洲　温昌奇

【重庆】

罗　明　徐泉森　罗先雄　曹晓东　陈治军　张文欣　张宗华　周光华　黄文才　吴洪明　刘天海　袁一晋

【香港】

李健雄　Mehdi　谢永铭

【台湾】

杨正隆

【其他国家】

黄少武　王振身　陈　闯　龙勿用　胡耀武　柳寿晨　容光远　张立彪　甲斐正也　村上正洋　片桐阳　马永光

特别鸣谢

李金明　王彩鲜　李延春　庞明泉　李　翔　智晓园　于　芳　张　梅　周兰英
安　毅　王新瑞　李克宣　崔并花　杜崇开　刘　洽　张　昭　李继光　薛思问
杨春兰　李　懿　邹德发　吴世勋　高友孝　刘瑞荫　黄兴发　王云山及其姐
袁树礼　郭荣珍　耿爱梅　刘丽俊　郝富义　李补鱼　郝锦园　杨桂芳　杨洪喜
刘怀玉　钟雪友　蔡震升　伦怡馨　高　瑛　李龙城　张魁武　柳百成　张德生
李建勇　贺国安　王慧琴　冯银刚　韩太民　韩原民　曹东红　王　浩　韩常林
韩焕茹　尤素娥　赵海凤　胡玉洁　张桂兰　田喜凤　郭宝芳　魏宏斌　袁建斌
郭　宏　马润生　冯骑明　阎文辉　焦清华　王秀丽　郭　刚　韩秀英　卢冬光
张雪刚　尹贵龙　范阿宝　朱建华　巩爱平　胡建彪　何建东　郝宪伟　郝建邦
郭仁实　高澍芃　江敬斌　薄建东　郑　炜　周　宏　吕　毅　徐用生　田春林
李　明　师维勇　韩小华　尹小玲　赵学毅　刘巧莲　任建玲　赵媛凤　义瑞珍
张玉香　张秀玲　魏巧燕　王小源　海晓霞　刘庆林　赵丽华　徐　静　姚书典
殷　岩　王小根　王海英　宁晚林　胡玉亭　乔　栋　田振山　林　纲　赵大春
朱　峻　王民忠　李　刚　顾武安　李　峰　章　青　叶林忠　贾云杰　许树华
杜　箐　刀京梅　孙慧敏　姜淑霞　王占伟　王艳玲　常学刚　梁伟民　王跃平
冉宏伟　王　蓉　苑博洋　胡志华　李博伦　宋杨萍　韩　翔　田海英
恩师朱华先生、师母冀秀珍女士
父亲崔官禄、母亲王玉莲及兄弟姐妹各家人

目录

拳法真传合编——下部

提要

《新著拳法真传合编》，四册，手书稿本，字体行楷相间，总体工整。原书共六册，以上部、东部、西部、南部、北部、下部区分，每册分述不同拳法，目前仅存上部、东部、西部、下部。总览现存的四册可知，作者应为徐玉温，写于民国二十三年（1934 年），但从字迹上看，四册又似乎不是同一人所写，具体情况待考。四册均有污损，整体上不影响阅读，个别处字迹缺失或难以辨识。

《新著拳法真传合编》（以下简称《合编》）上部扉页题名为《梁达摩掸腿释义正宗》，而目录中则名为《新著掸腿释义正宗》，后文的序也为《新著掸腿释义正宗序》。全书无图，纯以文字阐述。另外，本册载有《新著拳法真传合编总目》，有助于了解《合编》全书的内容结构。

《合编》东部扉页题名为《梁达摩二十四式并二十四式行拳》，而文中则名为《拳术二十四式》和《二十四式行拳》。全书无图，纯以文字阐述拳术二十四式和二十四式行拳两部分内容，并且这两部分内容又均有各自的目录和内容。

《合编》下部扉页题名为《清顾焕章子母同备拳》，后文则为“子母同备拳”。子母同备拳内容之后，续有《重著捷拳新编》。对此，上部中有所说明。全书无图，纯以文字阐述。

《合编》四册均存在内容逻辑相对清晰，但细节处理较为简单的问题，一定程度上影响了阅读体验。

民國甲戌年

孚齋氏手定

新著

拳藝真傳合編

下部

清顧煥章字世同俻拳

新著子母同偹拳卷一

古莫徐玉溫子龢氏手編

受業

徐作鈺 字式卿 湖北高陸

李文厚 字子然 直隸遵化

金錫恳 字壽榮 北平

陳鍾岳 字秀峯 銅仁縣

同較

目錄

論子母同倫拳之妙

論子母同倫拳之適用

論子母同倫拳六楊手法名色

子母同倫拳手法數目若干

子母同倫拳分有着數若干

子母同倫拳分有六打

子母同倫拳練法名目

子母同偹拳之根源

考之子母同偹拳者試高下較低昂子母同相預偹也顧母以武技教子實為冲營躍鹿陣對壘交鋒抵敵之用其拳始於清室礟攻臨清州昔顧母以藝訓子之技煥章不忘母教編輯成術遺傳於世選列揮腿门内為藝中之主腦真乃武術之津梁擊技之寶筏也且顧煥章之世譜生平人物閱觀清代野史小傳永慶昇平為據臨鑒焉

論子母同偹拳之妙

子母同倫拳有捉虎擒龍抗山越澗之妙捉虎者若六搗中準叟勾摟兩手攤獲如捉物之勢手摞懷抱儼逢一虎有兩手搏捉之壯擒龍者若五搗中攬手收山兩手貼地撈之似臥一龍用手擒捉之形抗山者若五搗中靠山手法用力之妙全身力量而推送之譬如一山有推抗之壯越澗者若六搗中顛架攔腰掌足躍之快一身輕越而躍之若越濶澗飛步而起之丶像全拳中之手法者妙不可言擇選數手象形而論之有捉虎擒龍抗山越澗之妙以余度之此子母同倫拳者起手諸拳術之上吾必以此拳為拳中之巨擘焉

論子母同倫拳之適用

子母同倫拳着術手法有靈捷急快之妙着術稱快手法精奇身形整重體勢輕超一手一着、無不中一步一手、每靈發抽撤蹬桓刁摞提代八字分明手眼身形步法合而為一乃得此拳之秘鑰乎

論子母同倫拳六搊手法名色

第一搊　頭手挽弓式　二手拍肘强掌　三手摟手栽打　四手撻手强打　五手挑掌强打　六手披蓋强掌夬腿　七手捷手强掌　八手挑手强打　九手仙人指路　十手冲拳

第二趟　頭手刁手貫耳　二手掏打　三手攀打　四手隨打　五手外撞　六手披蓋强掌　七手摟手强掌　八手月芽掌　九手匾掌　十手挑手進肘　十一手拍肘　十二手沖拳

第三趟　頭二手左右挑手崩打　三手鎖手　四手偪手　五手變錘入胳　六手卸打　七手提步單鞭　八手碎齊行　九手挑打　十手挑手撞腿　十一手挑手强打　十二手沖拳

第四趟　頭手左右展掌　三手四手左右刁手貫耳　五手挑手摘腰　六手劉　七手蓋　八手巔肘　九手摟手强掌　十手沖拳

第五搗　頭手强掌　二手接手强掌　三手丁架强掌　四手接手插拳
五手進肘　六手拍肘　七手擊肘　八手披蓋　九手連環掌
十手眠步卸打　十一手刁手靠山　十二手出　十三手挑手進打　十
四手沖拳
第六搗　頭手進刁摞　二手金龍合口　三手月芽掌　四手撊腰
掌　五手從步貫耳　六手攬手跨肘　七手隨打　八手挑手强打
九手刁手撊腰　十手顛肘　十一手强打　十二手挑手進肘　十三手
詐法鎖手　十四手沖拳　六搗終
收式不列手法之內

子母同備拳手法數目若干

頭搨十手　二搨十二手　三搨十二手　四搨十手　五搨十四手　六搨十四手　六搨共計七十二手

子母同備拳分有着數若干

子母同備拳分有三十六明着三十六暗着共有七十二着又名七十二明手此拳手手皆看無一不是看也何謂明看暗看明暗之分明者屬陽取明顯之意暗者屬陰取暗藏之意陰陽次第迭行乃分明暗明暗之分即此意也

子母同偹拳分有六打

頭揚分打 即挽弓式 二揚紘打 即刁手貫耳 三揚崩打 即挑手崩打

四揚展打 即左右展掌 五揚摟打 即摟手强掌 六揚强打 即復刁摞月芽掌又名摞打

六揚分有六打由每揚頭手一手之打生出無數之打也

子母同偹拳練法名目

邁三步上正場並步抱拳二拳虎口皆向上眼往前向

第一揚

第一手挽弓式

往前放左步落騎馬式左手拳虎口向上在前直放右手拳虎口向前在上照看

第二手拍胯肘强掌

第三手摟手栽打

第四手撻手强打

第五手挑手强打

往上〻右步又上左步並着左手一拍右手胳膊肘右手往外一胯左手掌打出右手拳後邊直伸在上舉着虎口向後

左手往下一摟轉入後掌照着上右步騎馬式代鋪地步

右手拳順右步走往下砸

左手向前伸開往下一蹋就上左步並着右手徹回疊着又打出是拳左手归護肩掌

挑右手上右步右手轉入後边照着是拳又上左步左手拳打出居騎馬式

第六手披蓋疊掌失腿

第七手摟手强掌

第八手挑手强打

第九手仙人指路

第十手冲拳

還左步上右步拱下左手披出去摟回來勾子手疊着右手蓋出是掌放着又摟回右手來勾子手疊着左手立首掌打出去左手又摟回來勾子手疊着右手掌往外强左足往外踢失腿

摟回右手來勾子手疊着左足撤回並步立着左手掌出

挑左手上左步又上右步右手拳往外打落騎馬式左手後边照着是掌

往上挑右手轉在後疊着是拳左步提起左手掌裹步走在前直伸

左步往上落又上右步又跟上左步並着步右手拳往

第二場

第一手 刁手貫耳

第二手 掏打

第三手 攀打

第四手 隨打

前直着打出左手归護肩掌

上左步〻鋪着上又上右步又上左步並〻着左手刁归護肩掌

右手横絞過來拳虎口向裏拳直伸

放右步落騎馬式左手從右手底掏過來轉在後边掌

右手拳直打出去虎口向下

左手往下一蹋手心向下在右胳膊腕下上左步並立着右手

往前胳膊腕下一砸虎口向外拳仰着

左右步往前一撤滾過右手拳隨步走直着往下砸左手

從前轉入後又往前一合归護肩掌

第五手外撞
上左步一按盤架右手勾子手直伸左手掌後边直伸照着右
足向外横端身子踹平

第六手披盖强掌
右步一提匹起身来上落右步又上左步供下右手一披刁手叠着左
手一盖是掌直放左手又刁回来叠着右手掌打出

第七手摟手强掌
右手往回一摟勾子手叠着上右步横照着左手掌打出直伸

第八手月芽掌
左手往回一刁勾子手叠着右步往回裏一拉丢步右手打出去月
芽掌左手勾子叠着

第九手匾掌
一挑右手從上轉入後边照着是掌上左步騎馬式左手横着
出右匾掌

第十手挑手進肘
上右步供着左手從下往上一挑上边照着右手使肘往前靠
胳膊肘向前

第十一手拍肘　左手ゝ心向下是掌一拍右手胳膊肘見响

第十二手冲拳　右手拳往回一叠急速打出直伸是拳一上左步一並着左手一归護肩掌身形立正往前身子微合前探咢提胸下氣探背鬆肩

第三楊

第一手左挑手崩
第二手右挑手打

左拳往上一挑上左步又上右步左步往前一赶撒蹚一步右手拳打出又挑右手往上挑又上右步又上左步落騎馬式左手拳打出去直伸右手拳後边照着

左步一提左右兩手往下一摟勾子手又兩手在左腿胳膝一盖上十字架

第三手鎖手　掌一搭

第四手僻手　落上左步又上右步兩手往上一搥分開二拳退回叠在腰间

第五手雙鏈入胳　落右步供步兩手拳一同並出往前推打虎口向上

第六手　卸打

不動步轉成左步後供步左手拳往後打出右手拳左手拳前後直伸

第七手　提步单鞭

提起右步来两手仍然直伸

第八手　劈齊行

往上落右步又落左步騎馬式两手拳裏步轉過来在前两拳直放

第九手　挑打

不動步原式右手在左手拳前边往上一挑左手拳徹回叠着打出去右手後边照着

第十手　挑手撞腿

左手往上一挑就叠在腰间是拳左足蹞起往外踹撞腿右手拳打出與左足一齊並走

第十一手　挑手强打

右手拳往上一挑轉入後下一点着落左步騎馬式左手拳打出直伸

第十二手冲拳　上右步又上左步迸步左拳打出直伸左手归護肩掌

第四揚

第一左二右手展掌　上左步左手一展又上右步左右足往前一撤巡右手拳打出左手归護肩掌落騎馬式　右手往外一展上左步左手拳打出直伸右手归護肩掌落騎馬式

第三左四右手刁手貫耳　右手在左手拳前右手往下一刁勾子手疊着右步提起左手拳往上打直出　左手往下一刁勾子手疊着左步提起右手拳往上打直出

第五手挑手攔腰　右手往上一挑轉入後边照着是拳落左步騎馬式左手扁着往外打攔腰

第六手劃

左手往下一刁上右步右手拳伸着往上一劃落騎馬式左手護肩掌

第七手盖

提起左步来轉身落騎馬式左右兩手拳一齊輪過来兩手拳在前直放宽品向上

第八手顛肘

轉身上右步落騎馬式左手從上往下右手從下往上兩手使力一顛謂之顛肘

第九手摟手强打

右手往前一摟勾子手叠着不動步轉成右步併步左手掌打出直伸

第十手冲拳

右手拳打出直伸上左步並着左手归護肩掌

第五趟

第一手强掌　上左步騎馬式左手掌順步打出直伸右手後边勾子手伸開

第二手摟手强掌　左手往回裏一摟勾子手叠着上右步騎馬式右手掌打出直伸

第三手丁架强掌　右手往回裏一摟勾子手叠着丁左步左手掌打出直伸

第四手摟手擂拳　上左步落供步左手往外一摟轉前边掌照着右手拳往外打直伸

第五手進肘　上右步供着右手胳膊肘往前靠左手仍然在前照着

第六手拍肘　左手往下一落拍右手胳膊肘見响

第七手擊肘　右步往後一撤點着大架左手胳膊肘往後一擊左手掌順着右手胳膊打出去掌直伸

第八手披盖

第九手連環拳

第十手眠步卸打

第十一手刁手靠山

第十二手攬手收山

提右步上右步又上左步供下右手披出去左手盖過去是拳直伸放着

不動步撤回左手拳叠着右手拳打出去右手拳撤回叠着左手拳打出去

不動步轉成右步供着右手拳打出去直伸左手拳亦伸直

提左步左手走圓刁平落左步往上落又提起右步來右手裹右步過來左手刁着在右手拳着貼右手拳横着貼在提步着然後右步往上一落供步左右兩手貼地皮推出去右手是拳左手是掌貼在右手着

左右兩手一攬如跨宽一般撤右步丁架右手伸着往下一刁左掌護肩掌

第十三手挑手進打

右手往上一挑上右步又上左步跳架落騎馬式右手後边拳照着左手拳打出去直伸

第十四手冲拳

上右步又上左步垂着步右手拳打出直伸左手归護肩掌　上步無論多寡合上步法方可

第六様

第一手進刁摽

上左步供下左右兩手一齊往前送勾子手回来變刁手

第二手金龍合口

左右兩手一齊徹回左手在下手心向上右手掌立着放在左手心上不動步轉成前鋪步

第三手月芽掌

右手月芽掌往前强不動步轉成前供步

第四手捌腰掌

上右步跳前步又上落左步騎馬式右手掌後边照着左手横着往外打直伸手直掌横

第五手並步貫耳

第六手攬手跨肘

第七手隨打

第八手挑手强打

第九手刁手攔腰

第十手顛肘

上右步又上左步並步立着左手掌一拍右手拳虎口往後撤左步又撤右步丁架左右兩手攬開以跨虎一蹬右手拳往裏一跨左手掌立着貼右手胳膊肘

還上右步左右足往前一撤蹉步落騎馬式右手拳往前打直伸左手掌後边照看

上右步挑右手落騎馬式左手拳打出直伸右手拳後边照看

上右步轉身轉面落騎馬式右手從下往上一翻是刁手轉在上照看右手横向裏打虎口向裏

上左步轉身轉面落騎馬式右手從上往下左手從下

第十一手强打

往上一顛謂之顛肘

不動步轉成左步供着右手拳打出直伸左手掌

手心向下藏在右胳膊窩下

第十二手挑手進肘

上右步供着左手往外一挑轉上頂前照着右手

胳膊肘往前進

第十三手詐法鎖手

徹右步倒顛架兩手一拍見响左右手往下一鎖右

手往上一挑落左步騎馬式左手拳打出右手掌

後边照着

第十四手冲拳

同上冲拳無異

收式　不在楊數手法之內

重著捷拳新編卷一

古莫徐玉温子龢氏手著

湖北商陸縣弟子徐作鈺式卿氏評

受業生 李文厚子然氏 直隸遵化

金錫恳壽榮氏 北平

陳鍾岳秀峰氏 銅仁縣 仝較

目錄

王書本小傳

編著捷拳之由

論捷拳之益

論捷拳前六搨手法名色

論捷拳前六搨手法名色數目若干

論捷拳後六搨手法名色

論捷拳後六搨手法名色數目若干

論捷門拳術講有十掌十手十打十腿名數

捷拳練法名目 前六搨

捷拳練法名目 後六搨

徐作鈺重古武技之說

答作鈺書併論王公文事之缺

論王公文事之缺

致業師書

復友生書

者蓬

民國二十有三年瓜月中元節書於南阜小邨臨野

老屋書齋養性氏自選原著併錄

愛劍道人謹識

王書本小傳

清代道光年間有王書本者係東光縣小王司莊人也其人幼而失學以致目不識一丁長而性尚武朝夕受椿庭之教技雄一鄉爲時當國家尚武皇帝御詔武學林立宮左内掖帝冑皇族公子王孫以及閹宦羣僚一律尚武武刀學武槍學武拳術學分類專门各不相混且書本之父王公素爲槍棒師考試甄拔得至京城充任内務府武術之教士皇上之舅提督之子皆從學於王教士之门且言王教士之子書本由弱冠失偶遺一子終不娶其子長於白溝習藝金銀點

翠生涯自食其力從是後敘休題是年書本赴都省親父子見畢留
書本在京久而與公子王孫兩〻相熟王教士令其子書本與公子等
比技以撲為戲書本廿拜下風其父怒曰豎子汝飄蕩江湖閱歷數年吾
以汝技藝有進何反不如其初也汝速去不及黃泉無相見也書本
對父曰非力不足者特畏其權貴耳父曰俗子之言不長進耶又曰
以武藝比高下以本領角低昂雖至尊無讓焉如爾之言汝豈是
犯法之囚徒惟命是聽焉書本哀其父請復之彊而後可次日
復如前作書本手握長刀與提督公子相擊較之會合數次書

本曰公子輸我矣公子曰刀劍相加雌雄未辨性起正欲酣鬥何云輸爾書
本曰公子請停手驗視為據焉公子衣袍對紐一行皆被刀尖劃斷矣
公子歎服各歇而罷於此書本之名小展皇都父贈黃金一百令歸
書本路途不慎以致遺失黃金那敢回都告父無顏歸家見母
遂行至津門無資乏食因而落魄腹餒意乞食於市赧然自愧
窘極無策揮淚束帶奮然曰人貧當場賣藝以麻桿長者為
槍短者作刀借器言藝偶遇鹽務大高于末陽者潤家也性好武
米陽有子尚武數年欲訪明師教授其子不偶遇見書本言談

儀表非俗遂邀至家與語大悅留於家技授其子又有一陪伴同練者此人王姓人皆嘲之謂套褲王正值壯年身輕如燕力量過人越三年之外有津地土豪結黨攬擾米陽商務不安白刃相仇米陽之子身懷絕技又當血氣方剛之年不畏惡黨手持長槍套褲王手握雙鉤二人恃勇而出路經金華橋衆皆遮攔不止守橋者設計將橋樑機紐支開名曰開閘隔河不能敵面交鋒相國米陽之子持槍奮勇飛身一躍越過浮橋三空套褲王亦隨而過群黨見之畏懼膽怯退去以此書本師徒之名

揚遍津門居停朱陽之家十有八年、深功倍藝成一家自立一門名曰
捷門此事掩卷莫敘且言趙黑塔者嘲號也本名發祥任邑張村人
與吳寶太傅家莊人二人以掛子拖為生王教士閒游逍遣偶步廛市
見趙黑塔失声嘆曰身材雄偉流落江湖未得真傳耳黑塔聽之
即拜求姓名請認為師王公推諉却之黑塔再三懇求姓名地址
王公一、寫貝告而去至晚黑塔寶太二人以回客旅次日清晨寶
太整裝归家黑塔直赴王公之門踵門求師王公見之曰權門顯貴
爾豈能與、公子王孫為伍耶便難容納黑塔哀乞請為館中

僕者執役求教王公見其誠懇許之後三年餘王公暴疾殂謝
喪身異域黑塔舉哀齊哀君父成殮寄埋都门黑塔然後尋
訪王公之子書本至朱陽家得遇兩不相識書本輒藐之慢不為禮
黑塔席地箕踞而坐垂頭不語亦不言半晌黑塔大声曰吾乃趙黑
塔小字發祥王公者吾師也王公喪身都门吾備棺槨衣衾親視
含殮哀喪盡禮吾為徒兒君彼親兒如何奉王公遺囑尋
覔王公不孝子書本聽畢含泪承羞跪而哀之請乞恕罪曰我即小弟
書本也於是黑塔怒氣已息弟兄同叙哀情二人赴都將王公尸骨

搬運回鄉归葬鳥其事皆仗黑塔之力也归葬之後弟兄分手各奔東西南去北来萍踪莫定光陰荏苒弟兄判襼不覺十數年有康各莊孟海峯孟海山者殷實富有之家與趙黑塔親係瓜葛得黑塔之力王公書本技傳於康各莊孟氏之家斯時也王公書本年近古稀有三矣孟海山者余之表伯也得技受王公一脉真傳受業數年王公年近耄耋偶得癱瘓之症於斯皆是言也不堪言矍鑠哉奉養年餘恐骸骨遺外生徒挽鹿門

王公書本結末之小傳也特表而誌之

編著捷拳之由

由弱冠教讀不覺有年矣且清室　光緒廿年歲逢癸巳余十有七歲已屆婚年於九月間卜吉畢姻有孟海山者表伯也與姑母登堂叩賀若孫合巹之喜海山之姑母即余之家祖母也因表伯海山受業書本王公之門武技人皆瞻仰筵罷故挽留於家談論武事論及捷門拳術中一捷拳者獨超乎捷門諸藝之上愛其拳形勢大方壽拳記之後經諸多武友研究一技於今四十年憶之宛然在心頭尚未遺忘今逢　民國二十有三年甲戌歲訓蒙於同縣南阜村辟小

鄉尚可容膝之易安冠者五六頗快於心興一日課暇尋友村洛相遇好友
友合邂逅哉徐君今逢大開眼界之幸也特邀君觀之於是攜手同
行遥望一簇人圍之余度必以弄猴者為戲近覿之槍刀列架以武彝
維揚停足注目有一人擎拳技者視之此技認而未真相識半面余
覺悶々待舞罷尾其後乘間詰於教士曰方纔教士所擎一技請乞指示
拳術何名教士作色曰似爾喋々向人豈不畏令人厭者乎即告爾々所
豈知也此拳名謂捷拳武術事爾諳否余知以遭白眼反嗔作喜
曰我本門外漢焉知武術雖不知武術之事 多見武術之事不蔽睢

毗再詰捷拳一技原始於何人秘傳拳術之大體是何宗旨有何妙訣請教士言之以開愚魯教士聞之瞪睛張口搔首汗流低頭喪氣而不能對余又曰曩者遊津門公園游藝館見二童子一演譎拳術譎者言所譎者捷拳一技高雅清談一擊舞拳術擊者言所擊者捷拳一技輕起妙舞二小童可稱清談妙舞可惜道聽塗說憶誌難全二童子演譎擊舞之捷拳與教士之捷拳名則同譎擊則異故有天壤之別想是余所聽所見真而不真非是教士以訛傳訛不諳教士之武術所見教士之盲術也於是歸齋無聊

以消寂寞閒中援筆荒錄小解以防後學辨論雌黃此乃編著捷拳一技之由也

論捷拳之益

捷者快也俗言打快拳即此意也手快着快觀其術想見其心意更快矣余參考王家捷门之拳技若捷打也捷门短打也雖有擊技武烈之功但少翰墨文雅之氣非文度深宏武略兼到精詣大成難免於粗俗鄙陋之氣實乃文武不兼優之故也捷门諸藝余獨簡拔一技名曰捷拳素愛其拳排場舒展形勢風流雖文歎鴻大

奈武略精熟余因審擊書記而著之

論揑拳前六搗手法名色

第一搗　第一手披盖蟠架收山　二手分手盖面掌　三手提步金龍合口　四手倒顛架順手强掌　五手轉身穿手强掌　六手挑手供步单鞭　七手蟠架穿手强掌　八手左右攬手十字盖腿　九手同上　十手挑手丁架单鞭

第二搗　第一手供步单鞭　二手穿手蟠架强掌　三手挑手供步单鞭　四手顛架摟手盖腿　五手摟手披盖供步单鞭　六手順水推舟又名倒顛架順手强掌　七手撥雲望日又名倒顛架分手式

第三搗 第一手掩手外攔 二手刁手貫耳 三手海底撈月 四手穿手强掌 五手砧路穿手强打 六手旋風式又名箏角式 七手落齊行 八手供步卸打 九手提步辟齊行 十手挑手丁架單鞭

第四搗 第一手穿手丁架强掌 二手鋪地挑手供步單鞭 三手提步單鞭 四手刁手雲没掌 五手探馬式又名釣魚式 六手穿手藏飛腿 七手挑手提步單鞭 八手刁手雲没掌 九手蟠架穿手强打 十手沖天錘 十一手回頭望月 十二手挑手進步强打 十三手穿手白鶴展翅 十四手勒馬聽封 十五手供步進叉捶手 十六手進叉遮手蓋腿

十七手接手砧跺盖面掌

第五搨 第一手轉身拍腿 二手抹身强掌 三手倘走追似步 四手挑手强打 五手順手拍腿

第六搨 第一手轉身搜撻手 二手併手撞腿 三手劐齊行 四手盖面三錘 五手轉身供步单鞭 六手穿手蟠架强掌 七手抱平式 八手金龍合口 九手强掌 十手似人指路 十一手抱合收式

論捷拳前六搨手法名色数目若干

第一搨十手 第二搨七手 第三搨十手 第四手十七手 第五搨五手

第六搨十二手　六搨共六十手

論提拳後六搨手法名色

第一搨　第一手供步勾手撲面掌　二手穿手提步单鞭　三手倒顛架强掌　四手抱年式　五手翻手盖面掌　六手穿手丁架单鞭　七手兜立鳳閣（又名）點步收山　八手攬手插拳　九手盖面錘　十手摟手插拳　十一手攬手丁稀步挑打　十二手摟手供步盖面掌　十三手提步披盖　十四手冲天掌

第二搨　第一手挑手供步单鞭　二手行步摟手盖腿　三手行走摟手盖腿

四手穿手強掌

第三趟　第一手順步挑手撞腿　二手刁手撲面掌　三手亮立鳳閣四手采腿問手　五手轉身翻背式　六手降龍式　七手刁手強掌　八手縷法尖腿　九手打亮式　十手跨亮式　十一手劈十字拳

第四趟　第一手翻背鎖手　二手搖山插拳　三手提龍式　四手分手蓋面掌　五手摟手披蓋、面掌　六手摟手強打　七手倒收山　八手分手顛架蓋腿　九手外撞披蓋十字掌　十手撲面掌　十一手穿手丁架單鞭

第五趟　第一手蟠架問手　二趟挑手撞腿　三手丁架鎖手　四手併手

撞腿　五手跳架摟手失腿

第六搨　第一手金雞獨立　二手金鵰雙展翅　三手轉身挑手强打

四手穿手外撞腿　五手摟手强打　六手刁手貫耳　七手丁架雙

看　八手攬手轉身金龍合口　九手供步强打　十手蟠架强掌　十

一手抱平式　十二手金龍合口　十三手强掌　十四手仙人指路

十五手並拳收式

論捷拳後六搨手法名色数目若干

第一搨十四手　第二搨四手　第三搨十一手　第四搨十一手　第五搨五手

第六搨十五手　　六搨共六十手　　前後十二搨共有一百二十手

　　捷门拳術論有十掌十手十打十腿名數

王書本务習武技於𢱉腿门老成練達編作捷拳技豈不知本領由𢱉腿门中藝裏鎔化而来余参考捷门各拳術中選擇手術分類名稱論有十掌十手十打十腿之説而並寫出之

懸花掌　蓋面掌　月芽掌　十字掌　雲沒掌　撕掌　展掌

匾掌　分掌　强掌　此名十掌

左右攔手 勾子手 鎖手 倂手 撻手 攬手 紜手 刁手

穿手 摟手 此名十手

强打 卸打 𢏗打 掏打 随打 展打 裁打 捿打

攀打 挑打 此名十打

纏法腿 藏花腿 外撞腿 十字腿 勾子腿 尖腿 撞腿

采腿 柏腿 碎腿 此名十腿

捷拳練法名目 前六搊

頭搊

第一手披蓋盤架收山

刁左手往外一披右手伸直往前一蓋手翻着走

是大指向下右手一刁勾子手归收山左手归護肩

掌先放左步又上右步跳架又上左步脚横着落盤架

第二手分手蓋向掌

右步提起左手往後一摟轉在後右手往外一蓋兩

手前後皆是掌俱直伸着

第三手提步金龍合口

提步不動兩手一合一横一豎右手在 左手在上 放在右步上

第四手倒顛架順手張掌 左右兩手掌俱直着往外一撑顛落右步往後

落又落左步落騎馬式

第五手轉身穿手强掌

上右大步又上左步并步轉身往回走左手一穿右手々擄出掌去直伸看左手護肩掌

第六手挑手供步單鞭

放左鋪步左手隨左步挑出去掌直伸右手後邊勾子手落供步

第七手盤架穿手强掌

左右兩步兩下一就變成盤架左手一穿右手々穿出掌直伸左手變拳腰間疊着

第八手左右攬手十字盖腿

上右步又上左步右手從上攬左手從下边一攬左手拍右腿足面見响後右步供步右手拳疊在腰間左手掌直伸

第九手同上

上左步又上右步左手從上边攬右手從下边攬又上左步右手拍左腿足面見响後左步供步左手拳疊腰間右手掌直伸

第十手挑手丁架單鞭

第二趟

第一手供步單鞭

第二手穿手盤架張掌

第三手挑手供步單鞭

第四手顛架摟手蓋腿

上右步随上左步丁架右手往上一挑左手從下往前一挑左手掌直伸右手後边勾子手

往回走轉身卸左步供右步右手掌往後一扭勾子手不動左手掌直伸

卸右步掇步盤架左右手一穿穿出右手掌直伸左手護肩掌

上左步鋪地左手隨步走往外一挑左步轉成供步右手勾子手直伸

上右步又上左步落顛架左手往下一摟右手拍右腿足面見响归提步單鞭右手掌在前直伸左手後边勾子手

第五手摟手披蓋 供步單鞭

撤右步又落左步往回裏走落顛架供步右手一披左手往前一蓋掌直伸後边勾子手直伸

第六手順小推舟 又名倒顛架順手掌 强

撤右步顛架又隨撤左步落騎馬式右手掌往外一撐直伸左手護肩掌

第七手撥雲望日 又名倒顛架分手式

撤右步倒顛架往面前边走步又落左步兩手上下一分右手從下往上一轉往下一披左手從下往上一摟手轉上掌橫看照看右手後边勾子手直伸

左步往後曳身供看步面轉回往後看與弄一揚

第三揚

第一手援手外撞

兩手不換式右步提轉身往回裏走右手蓋臉面往外一披一摟手之落右步左手蓋臉面往外一摟手

上左步右手盖脸面往外一搂手投右步盘架左手盖脸面往外一搂
手放上左步躺车身左手勾子手顺腿往外踹右手後边横照着
落左步供步左手一刁右手车着虎口向裏打耳台

第二手刁手贯耳
台子左手護肩掌
轉身倒上步左步换步盘架左手往外一穿右步放開

第三手海底撈月
往前一伏身随後又往後一电身右手往下一搂轉上照
看是掌提起左步来左手拳挂在胳膊上是到頭往回裏走轉過面来了

第四手穿手强掌
落左步騎馬式左手与右手一穿左手拳打出右手拳叠
在腰间掌亦可

第五手跕跺穿手
强
右步一跺地見响往前右步一趕上左步落騎馬式再
打
上右步亦落騎馬式左右手一穿右手拳打出左手

第六手 旋風式 又名羊角式

第七手落齊行

第八手供步卸打

第九手提步碎齊行

第十手挑手丁架單鞭

護肩掌

還右步左步提起右步用力左步往下落跳架隨

勢轉過身來左手心拍右足履底見响

打了履底落右步騎馬式右手在前左手在後前

後是拳落下平放着

卸左步供步卸打左手拳往後打出左右兩手皆是

拳俱直伸着

提右步落上右步又上左步落左步騎馬式兩手拳一

齊落下平放左手在前右手在後

上左步往上挑左手又上右步右手往上挑左手從下往

上挑上左步落左步丁架左右手前後直伸左手

第四趟

第一手穿手下架强掌

第二手鋪地挑手 供步單鞭

第三手提步單鞭

第四手刁手雲沒掌

第五手探馬式 又名 釣魚式

是掌右手是勾子手

不動步兩手一穿右手掌打出左手護肩掌

放左步左手隨左步往外一挑轉成供步左手掌在前直伸右手後边勾子手向越门領

左手往上一挑往下一摟提起右步来右手隨右步往上一劈停住掌直伸

右手往外横着紜手一刁落右步左手隨着横紜過来手心向上、左步兩手一穿、出右手左手護肩掌

又轉上右步拔步蟠架在正门

上左步又上右步點大架左手往上一挑轉在後勾子手

右手随步往前一挑亦安勾子手直伸微高些

第六手穿手藏花腿

左右手一穿丶出左手是掌伸直右步与右掌一齐往外
向原门走右腿踹撞腿右手随腿挑出落右步供步
右掌在前是掌伸直左手後边勾子手此之謂供步单鞭与上以弄一手

第七手挑手提步单鞭

右掌往上一挑轉後勾子手左手從下往上一挑是掌伸直
左步提起

第八手刁手雲沒掌

左掌刁手午着紘過来往上落左步右掌随一看手心向
上午着紘過来上右步左右手一穿左掌穿出右手護肩掌又上左步蟠架
右步往前一鋪右手随步往外向上一挑轉成供步右手是掌在前直伸左手
後边勾子手此謂之供步单鞭与上以弄一手

第九手蟠架穿手强打

右步提起脚横着往下一蹲丶蟠架往後微落左右手是
拳一穿丶出左拳右手拳叠在腰间

第十手冲天錘

第十一手回頭望月

第十二手挑手進步强打

第十三手穿手白鶴展翅

第十四手勒馬聽封

第十五手供步進撻手

右步往上一起一顛又落下左步提起、着左右手是拳兩拳一穿右拳穿出左拳在右手胳膊窩上边落左步往後落身子往後一甩轉成供步左手拳從下往上一翻上去拳照着右手拳後边直伸

右步往上一還右手往上一挑又上左步左手拳 往前打出落騎馬式右手是拳後边照着此是往前進打

上右步左右手一穿、出右手是掌左手往下勾子手一摟轉在後左右手、前後是掌 前後平着落騎馬式

右手往上挑轉後边勾子手左步提起左手隨步往上一挑归護肩掌

往前落左步左手往下一摟手又上右步供步左右兩手、

第十六手雙征手盖腿

心向下合着泛上往下一按丶在右步胳膝盖下往前上左步顛步兩手合上往上兩下一分右手拍右步足面見响然後停丶右手在前是掌後边勾子手归提

第十七手摟手砧踢盖面掌

步單鞭与上丶一樣一手往後落右步顛架供步用力踢地有声右手在前往後一摟手勾子手在後直伸左手往下一盖是掌在前直放又徹左步此往回裏走

第五場

第一手轉身拍腿

轉身左手往外一挑上右步踹拍腿左手在前是掌直伸右手在後是勾子手

第二手抹身强打

往回轉身步往上走落右步又扇左步並步兩手一穿手右手奉打出左手归護肩掌此一打轉回面来

第三手俏走追仙步

正轉身往回裏走手与步一同走先挑右手上右步又上左步又挑左手又上右步又挑右手又上左步丁左步架左手拳疊在腰間右手掌直伸總而言之四步走合了步归到丁左步上先挑右手走總得一挑手邁兩步方纔随合上了

第四手挑手强打

上右步右手往上一挑上左步騎馬式左手拳往外打右手拳後边照着

第五手順手拍腿

不動步左手變掌右手變勾子手往外端拍腿

第六揚

第一手轉身纏撻手

往回轉身往頭裏走右手往回一披蓋落上右步又上左步丁八架左右兩手〃心向下往下一按〃左腿胳膝上

第二手纏手撞腿

右步一起落顛架左右兩手往上一分往外端右腿撞腿左

第三手劗齊行

第四手盖面三錘

第五手轉身供步單鞭

第六手穿手蟠架強掌

第七手抱平式

右兩手變句子手垂着在後边兩胯向往前赶步踹落右步往上落又跟上左步並步左手拳往上一劗左右兩拳在前直放

右手拳往外一披落下又轉後左手拳往下一盖又從下轉後右手拳又從下轉後往前盖下放右步鋪步右手拳放在右步着左手拳後边照着

往後轉身卸左步右左手一穿々出左手將面轉過來又卸右步供左步右手掌往外前頭一挑直伸後边左手勾子手

左右手一穿々出左手掌在前直伸卸左步蟠架右手護肩掌

右手往下一摟卸右步右手轉上直立着掌又跟卸左步點着大架左手掌手心向上在胸前托着

第八手金龍合口

不動步右手落下右手在底左手在上俱是掌右手掌豎看左手掌橫看右手掌手心向上仰看左手掌手心向裏戳看在胸前

第九手强掌

放左步落騎馬式左手掌打出在前直放右手掌手心向上在腰间叠着

第十手仙人指路

跟上右步並着右手掌轉上照着左手掌在前指着

第十一手抱合收式

两手一齊落下成拳亮出向上放落胸前

提拳練法名目 後六揚

頭揚

第一手供步刁手撲面掌

上左步刁左手上右步供步右手勾子手往前直出變掌直伸左手護肩掌

第二手穿手提步單鞭

第三手倒顛架強掌

第四手抱平式

第五手翻手盖面掌

第六手穿手丁架單鞭

左右手一穿、出左手轉後勾子手提起左步右手往前一挑掌直伸掃左邊衣走掌在前直豎立着往後撤右步顛架左右手一穿、出左手是拳打出落騎馬式右手一穿時是掌回来又疊在腰间是拳撤左步並步左手從上往下右手從下往上手心俱向下跕穩当两手一翻左手心向上右手心向下相合閃出脸面来往後卸右步供左步右手從上往下翻腕掌直伸落左手归護肩掌

左右手一穿、出左手是掌直伸右手归護肩掌撤左步丁架右手往外一挑右手一丢左手一刁手此是變手法是変手音左手直伸着向向前

第七手 虎立鳳閣

又名點步收山

第八手 攬手插拳

第九手 蓋面錘强打亦可

第十手 摟手插拳

第十一手 攬手丁稀步挑打

徹右步又隨徹左步點着大架右手往外挑出去又归回来護肩掌左手勾子手在後直伸

先左手從下往上一攬叠在腰間是拳上右步右手從下往外攬出轉上又從下往外攬出上左步又上右步供步右手在前照着掌左手打出是插拳

往上一上左步並着右手拳往下一砸一打亦可左手归護肩掌

上左步又一上右步顛架左手往下一摟轉上掌照着一上左步投步蟠架右手拳叠着往外一打

右手從下往上往外一攬上左步又上右步左手從上往下往外一攬又上左步伏身左步直伸鋪着左手又從上往下往外一挑展轉上掌面前照着右手拳叠着往外打

第十二手摟手供步盖面

第十三手提步披盖掌

第十四手冲天掌

第二揚

第一手挑手供步單鞭

第二手行步摟手盖腿

上右步又上左步顛架左手後边一摟後边勾子手直伸右手往前一盖是掌直伸落左步供步

右手往外一披掌叠在腰间手心向上左手往外一盖提起右步来左手是掌在上直立着

左右手一穿、出右手掌直立落右步顛架立時將左步提起来左手掌護肩

落左步鋪步左手順左步挑出轉成左步供步左手在前掌直伸右手後边勾子手直伸

一上右步又上左步左手往下一摟轉後勾子手直伸又上右步右步往下一盖、右腿脚面見响落下右步供步右手在前是掌直伸此謂落供步單鞭

第三手行走摟手盖腿

第四手穿手强掌

第三摥

第一手順步挑手撞腿失腿奇

第二手刁手撲面掌俗名嘴把

第三手霓立鳳閣

第四手采腿問手

此手上左步亦是三步打盖腿是左手打左步亦落供步

單鞭与上同這是左步的上边一手是右步的左右一樣走

上右步大步跟上左步並步左右手一穿、出右手是掌直伸平着左手掌護肩

左手順左步一挑踹出左足右手勾子手後边直伸

落左步上右步並步右手橫絞過去手掌直着左手掌護肩

徹右步左右手一穿、出左手是掌徹左步点着大架左手轉後边勾子手直伸右手穿手下來落護肩掌

左步提起右手順左腿掃下去左步就踹采腿居下使脚

後根踹似乎拍腿一樣右手掌归護叟肩掌又指出直伸往下指着落左供步
右手往下一摟上右步横足上小蟠架左手掌大指向下翻
盖下變勾子手右手盖脸面過来归護肩掌供右步

第五手轉身翻背式

轉身過来面向後边
徹右步提左步右手泛下轉上去左手泛上轉下来抱合

第六手降龍式俗名攬手抱合

拳上合下仰仍是面向後边

第七手刁手强掌

落上左步又上右步又上左步丁架右手掌打出直伸左手
归護肩掌仍是面向後边前頭往前打

第八手纏法失腿

往回裏前進上左步又上右步右手順左手往後一纏勾
子手叒疊在腰间左足往外踢失腿左手順左步指着走

第九手打完式

落顛步左步又上跳架跳右步左手往外一摟轉上照着
又落左步供步右手拳往下一砸直伸放看

第十手跨虎式

第十一手碎十字拳

左右兩手掌〻背向上手心向下在左步胳膊一搭右手往後一摟往後申身右手轉上掌橫〻着照着左手是拳在步上直伸提左步又往前落左步顛步又上跳步右步左手拳往外一撥右手拳往下一砸落左步供步兩拳在前橫〻着直伸平放

第四趟

第一手翻臂鎖手

第二手搖山插拳

第三手提龍式又名提步收山

第四手分手蓋面掌

提起右步來左右手兩下一分手心俱向外兩手前後直伸

右手從下往上往外一挑落右步提起左步左手從下往上往外一挑落左步供步右手拳疊着打出直伸左手掌立照着

提起右步來右手勾落勾子手向下手直伸左手護肩掌

落右步騎馬式右手往外一蓋掌直伸左手勾子手往後一

摟轉上後边直伸

第五手摟手披盖、面掌

右手摟手往外一披左手往外一盖上左步又上右步並步右手往外一盖、面掌、直伸左手護肩掌

第六手挑手強打

上右步又上左步騎馬式右手往上一挑左手拳打出直伸打攔腰掌亦可

第七手倒收山

丁右步右手勾子手左手盖臉面過來归護肩掌

第八手分手顛架盖腿

左步往上一顛往後落步落顛架左手往外一摟右手往外一盖打盖腿見响然後落右步投步盤架右手掌直伸照看左手归護肩掌

第九手外撞披盖十字掌

往上一起身左足往外踹外撞腿踹平身子踹然後一

第十手撲面掌又名刀手嘴把

第十一手穿手丁架單鞭

第五揚

第一手蟠架问手

第二手挑手撞腿

第三手丁架鎖手

落左步左手往外披往下一摟又上右步右手往下一盖左右手俱是掌前後直伸落騎馬式兩掌立刻变拳再走下手

左步轉身往後一撤供右步左手一刁归護肩掌右手掌直伸着

左右手一穿〻出左手归右手護肩掌然後一撤左步丁架

右手往外一挑左手往外一摟归後边勾子手直伸右手掌直伸

從單鞭提起左步来又左步落下脚横落归蟠架右手掌直伸

随左步落下左手归護肩掌

左右手一穿〻出左手右手順右腿往外一抛右腿端出撞腿

左手後边勾子手直伸左手掌在前直伸指着

往前落右步又上左步丁架左右兩手俱勾子手從後往

第四手 低手撞腿

第五手 跳架 摟手 失腿

第六揚

第一手 金鷄獨立

第二手 金鵰雙展翅

前一挹左手在下右手在上手心俱向下裹左步走兩手往下
一分是謂鎖手左步往前一撲伏下身
左右手往上一分轉在後俱是勾子手右步往前 上跳架
踹出左腿撞腿左手往後一摟勾子手直伸落左步併步右
手掌打出直伸
上右步顛架又左步又踢右腿右手往後一摟左手掌打
出指右腿
落右步提左步往回裹走面轉回右手護肩掌左手後边
勾子手直伸
落左步上右步跳架左右手往下一擺同轉上俱往前指照看
踢出左足呈踹撞腿

第三手轉身挑手强打
第四手穿手外撞腿
第五手摟手强打
第六手刁手貫耳
第六手丁架雙看
第八手攬手 轉身金龍合口

落左步上右步跳架顚步左手往上一挑又轉身上落顚
步左步右手拳疊看往外打左手掌後边照看落騎馬式
往回上左步左右手一穿穿出左手照看是拳右手護肩
掌騎平身子往外踹右腿
往上落右步拱步右手從前往後摟勾子手在後直伸左
手拳打出直伸
上左步並步左手一刁归護肩掌左手拳横着看一打貫耳
往後卸左步又卸右步丁架左手往下一撈轉上照着看是
拳右手亦是拳俱看着右手護肩掌亦可
上右步又轉身上左步又上右步並步右手從下往上攬左
手從上往下攬過来归金龍合口右手在上左手在下

第九手　供步强打

第十手　蟠架强掌

第十一手　抱平式

第十二手　金龍合口

第十三手　强掌

第十四手　仙人指路

第十五手　歪拳竖式

卸右步供步右手掌强出左手護肩掌

左步一卸拔步蟠架左右手一穿、出左手掌直伸右手護肩掌

徹右步點左步右手往下一摟轉上直伸左手掌手心向上在胸前

右手往下一落右手在下左手在上

放左步落騎馬式左手掌打出右手掌疊在腰间

往上歪右步右手掌從下往外一挑轉上掌照着左手掌在前直伸指着

左右手往下一落俱成拳虎口向上俱抱在胸前收式完結

徐作鈺重古武技之說

維

民國有九年余客塾津門南關下頭成美中學校遇徐君作鈺者字式御湖北商陸人世家子也幼讀儒書長而好武年十有九歲肄業中學兼習武技於張君形意之門從余專受劍術者乃屬趙門求師也一日南樓講武偶談王家捷門之藝作鈺在側釋劍鞠躬而言曰請詰捷門者何門也創立何代原始何人願先生為弟子言之余將王公書本之生平武技一一而告之作鈺莞爾

笑曰是乃赳赳一武夫耳不復言有故請假而歸待七月來復一館所
小童持書至捧函投刺啓視之作鈺書也書略曰
不登諱席已日曜日矣比維
夫子大人函丈敬稟者昨蒙
教益明鏡不疲如暗室見燈使鈺頓開茅塞矣前日孟浪王公
赳赳武夫一語太覺不恭實乃汗顏無地望
夫子其宥之鈺自請假归家事倥偬忙中潦草陳詞數句諸望
鑒原 其詞曰

蓋聞有非常之人然後立非常之功夫非常者固常人之所異也昔黃帝作
刀劍興武技以征不享擒蚩尤於涿鹿而戮之上古之聖人也孫武子能
使婦人操戈習戰以教美人戰興吳滅越春秋戰國之名人也梁武帝
之昔有達摩者法止於嵩山少林寺面壁九年道傳五子異人也三聖
者皆能創興武技立門垂教傳法於後世也大凡百道創興立規
教人以為法者皆古聖先賢之所為也且夫王公者何如人也以人物倫
考猶未免為鄉人也文不明孔孟之道武不達孫吳之機專工跳
躍雕蟲之小技矜立異覺奇新豈堪立門立技以傳人者乎吾

恐為識者所鄙耳以鈺論之王公書本之為人小有才未聞君子之
大道自以為是也恐學者亦坐井觀天知識不廣自入卑鄙之鄉
乎乎之小道也古語云求師從道法乎上者僅得乎中法乎中者僅
得乎下法於常人者不免為卑鄙汙下矣所謂赳赳武夫者王公也
愚直之言望企我
師不責為幸餘不多瀆敬候
帳安

受業生徐作鈺謹述

答作鈺書併論王公文事之缺

作鈺賢契達觀敬啟者叨在生徒直言前淳昨日西堂論文南樓請武章　蒙起助實開懷抱方欣晨夕以盡其歡忽爾有故而去殫指之頃一星期矣每一思之夢想為勞古人云一日三秋之感良有以也正切馳思朵雲一片忽從天外飛來　貴价呈覽臨窗展讀無異晤談快甚但閱論王公一篇雖係事理之當然未免論其濡滯也豈不聞復聖曰舜何人也予何人也有為者亦若是又嘗讀孟子云堯舜與人同耳此言人皆可以為堯舜者也況技藝之小道乎夫文武百道

皆爲然而人之所以異於人者以其存心也雖云有志者事竟成惟純
乎一心而矣且夫人生於天地間人爲貴貴者行其所貴賤者行其所賤也
設有曠世逸才或興文武以教人或興技藝以傳世人之有技有補於
人乃所謂行之貴也留名傳技何論人物貴賤高卑乎夫王公者
必先苦其心志勞其筋骨以武技拔萃亦一大過人者若　作鈺賢
契氣量高遠志懷古人之技似不重於王公吾獨不然不以常人廢
其技不以無文掩其名且王公之所短者惟其無文而已矣余因以論王
公文事之缺云以便呈

作鈺哂納　尚希

展覽

論王公文事之缺、其文曰

夫武技者擊舞運動氣質文度由內而發外見於儀表也盖擊技一事有武而無文者其蔽曰野有文而偏武者曰懦書讀孔子云有文事者必武備文武兼優可謂完備無偏矣若王公者武技雖佳奈文事之不足何是乃桓〻武士耳但武而不文恐為識者所鄙此王公之缺者目不識丁乃人中一大歉也吾人不以平人廢其技不以無文掩其

武所取王公武技萬邁衆亦一大過人者余將王公提拳一技會意象形粗加手式名色但直敘白流免尚文詞為仿本創作拳術之家才程而矣倘後學者其技不泯創作編著姓字留彰也特表而誌之

徐子龢 手書

正月元日鄉人聚飲以屠蘇微酣爰子扶歸偶得感疾延醫理攝已痊
興來擊劍一次以作運動劇舞畢憶懷友生徐作鈺昔在津從余學
劍有感遂粗編實劍論一篇幸征鴻有便藉此以達兩地心情不日惠
我好音援讀其書云

致葉師書

夫子大人函丈 久隔
鴻儀時深蠡念頃接
華函藉悉近染 貴恙更深懸念之至想

吉人天相定當早日霍然也 鈺自年假归家之後本擬多練武術俾
可熟習無如新年應酬親朋備極繁瑣又加以他項事故致未能
如願不勝愧恨之至祇有
台旌莅津時再為躬聆教益耳誦
夫子論寶劍篇名論風生逸情紙上令人百讀不厭其縷述往古劍
術根源之典多而且詳以及辭藻之修備又其餘事矣 鈺不學無
文雖未能深得其中之奧亦頗可領悟其趣至云令鈺斧削則鈺
何敢勝此況 夫子之文縱游夏復世亦不能妄贊一詞以雌黃之是

夫子自為過謙也現耑校中開學伊始功課甚覺匆忙不能詳陳一切相晤匪遥容當面述潦草陳詞諸希

教正是禱肅此敬請

道安並候

蓋祉

潭第統此致候

弟子徐作鈺謹上

如賜示 請交天津英界芸芳里十二號

復友生書

作銋賢契如面津门送别深蒙夢想異地相思諒必同情也幸蒙
君台　謬垂青盼本欲趨侍左右奈為俗情冗事牽掛遂至草ㄟ
近里承　賜茶食佳菓口味甚佳品類太多食之不盡謝ㄟ自分
袂買舟托　庇乘帆一路平安抵家頓　星天眷佑拙妻劣子平
家無恙偶受感冒早日已痊知関　縈念請免　錦注耳但旋
里之後屈指無旬天涯地角水阻山隔每一興懷徒增離別之感十日
三歲之想信不誣矣正欲修箋致候　朵雲一片飛來盥手快讀一

過慕名欣喜秋水蒹葭尚通舟楫 余株守之才何須 汪念若斯
耶祇有前緣未盡後會有期惟劍論一篇辭句生疎文不達意草草
數行不蔽貽笑函言游夏復世亦不能妄贊一詞之語譽揚過
當紙短情長筆楮難罄因此敬泐魚書特申蕪禱餘維
朗照臨穎瞻馳不盡欲言 敬候
近綏不一併詢
闔潭均吉

徐子龢 謹啓

太极十三式拳法理论

提要

《太极十三式拳法理论》，一册，印本。封面书名《太极十三式拳法理论》前有“汾阳王新午著”字样，后有“山西省地方行政人员训练所印”字样。该书无封底，无版权页。

该书共有四篇辅文。第一篇《太极十三式拳法理论序》，为邱仰濬所作；第二篇《太极十三式拳法理论序》，由冯鹏翥所作；第三篇《太极十三式拳法理论自序》，由作者王新午（又名王华杰）写于太原。这三篇序均作于1933年。第四篇辅文为《太极十三式拳法理论目次》（以下简称《目次》）。从《目次》看，该书共有五章。“第一章　绪言”；“第二章　太极拳文献”，包括四部文献，分别是《张三丰传》《王征南墓志》《王征南内家拳法》和《张松溪传》；“第三章　太极拳名著”，包括十一本名著，分别是《太极拳论》《太极拳经》《十三式行功心解》《打手歌》《太极拳十三式歌》《八字歌》《心会论》《周身大用论》《十六关要论》《功用歌》和《用功五志》；“第四章　太极拳体用概论”，包括十个部分，分别是顺序、明理、辨虚实、明攻守、知机变、审诡诈、务实用、识时势、禁骄吝和广见闻；“第五章　太极拳辨惑”，包括两个部分，分别是行功真谛和著劲应用。

汾陽王新午著

太極十三式拳法理論

山西省地方行政人員訓練所印

太極十三式拳法理論序

今日中國之弊弊在貧弱貧弱而不急救敗亡之道也救貧之策舍生產無論已濟弱之方唯從國民體育始而我數千年之古國萎靡積弱百業落後自海禁大開羣欽向於歐美之精英望塵莫及而不自知其墮敗之由皆國民精神頹廢有以致之也夫健全之精神基於健全之身體今欲自衛禦侮轉弱爲强推而至於諸種建設是必有健全之身體與精神以赴之乃克有濟而我國民最良善之體育厥爲國術近年以來凡事師法外人一若中區之大毫無足取者即體育一端亦舍我數千年義勇精神所寄存之國術不講而以舶來品代之其悖甚矣言國術僅趨重個人技藝與功行而不謀所以提倡普及之策者亦非也三晉提倡國術有王君新午爲之先河以廿載之功行作羣從之指導屢易寒暑艱苦不懈本年敎授警官出其近著國術理論太極十三式拳法理論及再版之少林八翻手

拳法等屬余爲序余忝長山西省國術促進會而王君副之於其品學功行知之最深而於普及國術以救危亡尤具有同心焉願覽是書者勿第作技藝觀也民國二十二年八月二十七日沁縣邱仰濬序

太極十三式拳法理論序

易曰孤陰不生孤陽不長一陰一陽之謂道嘗本此以察往事之興亡於焉知徐之亡也在孤陰爲其文而不武也秦之亡也在孤陽爲其武而不文也周之興也在一陰一陽爲其文而且武也復嘗本此以察人事之得失更於焉知千成萬敗之本根皆不出此陰陽離合之要道妙哉老子柔自取束剛自取折之言也至矣孔子有文事必有武備之教也兼文武備剛柔簡要切當而易知易能者竊以爲太極拳法當首屈指王子新午精是術既知之深復行之熟十數年來練修無一日之間斷語曰久於其中方有味吾知新午胸中饒有異味矣近著太極十三式拳法理論一書探源而窮竟辨正而指誤通而不泛玄而不虛非有獨得烏能爲是言哉余讀之喜新午即以序見囑辭不獲遂贅語如此然剛柔文武之經緯太極之道無不在固已見之於新午作品中此序亦太蛇足矣余於此豈只慚愧其

不文哉民國癸酉秋初雁門馮鵬翥

太極十三式拳法理論自序

上古之世民無醫藥而老壽偶中六氣則屈伸俯仰以意導氣而愈疾太極十三式拳法者即上古導引法之遺意也相傳明隱士張三豐先生爲創始之祖或謂自唐以來有傳之者至三豐而道益彰懈靈應用形成武當派技擊術爲世所稱三豐而後數百年來名師輩出以至於今咸推北平楊氏之傳爲正楊氏自露蟬先生精是術號稱無敵得其傳者爲其子班侯鑑侯及弟子全佑凌山紀德諸人鑑侯有高足曰許禹生全佑有克家子曰吳鑑泉皆功行精邃名重於今言太極拳法者多宗之不佞學式於吳說着於紀問勁於許二十年來於健身致用研摩之餘知導引之微技近於道一般徒作技擊觀者蓋卑之矣曩者并門同志强筆其所知稿屢易未暇災梨今檢其關於理論者得若干篇提前付梓以供警官班同學參考之資管窺之誚諒不免焉

民國廿二年八月廿二日汾陽新午王華傑序於太原

太極十三式拳法理論目次

第四章　太極拳體用概論

三　辨虛實
四　明攻守
五　知機變
六　審詭詐
七　務實用
八　識時勢
九　禁驕吝
十　廣見聞

第五章　太極拳辨惑

一　行功眞諦
二　著勁應用

原本此页无内容

太極十三式拳法理論

第一章　緒言

太極十三式拳法昔人依爲難老之方煆煉身體修養性靈以暀至道之根芽降及近世偏於應用頗失原意然即國術之進步也近人習者頗多震於內家太極拳之美名視爲一時之好尙趨之若鶩不辨贋眞致江湖拳師得售其欺而習之者亦遂巧立門派妄分系統互肆攻忌同門相嫉父子不相能於是乎剛柔動靜高下疾徐各自成家不相統屬識之者以爲張三豐析居至可痛也余甞論之太極拳法者不過國術之一種自傳世以來其師承之迹頗能考記何至如今日之神說怪誕雜亂如蔴而發明家且日見其多不可一世令人懷疑惶詫無所適從余雖未敢遽謂今之發明者不及張三豐祖師惟覺今之祖師爲數太多耳且吾人發明學術果有令人崇拜之價值其美名可自當之何必假古人而傳如其非然則謂之欺世盜名可也惜哉三豐先生於太極拳術不知其濁流如是而又生非今世不克享專利之權致源遠而流益雜非但無以恢閎其志且復以呂易嬴以牛易馬而成太極螟蛉矣客有言太極拳已普及者余以前言復之深慮失傳之可惜也今之習太極拳者有三一曰趨時尙二曰健身體三曰求應用

趨時尚者無論已健身體者則不問何種拳法及運動法習之皆有效而入歧途者亦足致病惟求應用者設所習非真則有傷身之禍抑且虛度光陰所關甚大故余從習學與實驗中所謂之太極拳家或與一般所稱者殊其狀搭死手站死步說着講勁娓娓動聽此說太極拳者也開胯作勢盤旋搖擺此練太極拳者也然其中亦有由真而假由假而假者揭推手說勁發人不出尺餘非真太極拳也與人交手必搭死手虛柔靡弱無勁無着非真太極拳也剛力制人自謂功大不丟即頂全無柔化非真太極拳也然則真太極拳者果何如乎當練之時輕靈開展轉換自如意氣無滯不偏不欹應用之時宜遠宜近亦剛亦柔稍觸即發全不着相渾然一氣包羅萬法此誠太極拳之正軌也然談何容易哉余昔嘗見余師許禹生吳鑑泉紀子修諸先生之練習應用太極拳矣而未能以言語形容也之數先生者皆承楊氏嫡傳而加以畢生精力之研究者當代罕其匹焉楊氏自露蟬先師以太極拳名於世號稱無敵爲舉世所公認再傳三傳源遠而流益分惟余以爲許吳紀諸先生者皆不失爲正統亦誠不負內家太極之美名其外新傳者或不在少又復有陳溝傳之太極郝爲真傳之太極皆與楊氏之傳殊其狀要皆出於一源而變化各異者其運動致用之方雖有不同而理則一也吾人習此拳法首應平心靜氣破除成見由規矩以求理論由理論而定是非以古人對於此拳法之著述詳加體會遵道而行其關於口授者應本師傳

實際切磋則其成就之功雖不中不遠矣有志之士其知所以勉之哉

第二章　太極拳文獻

一　張三豐傳

明史方伎傳記張三豐事跡云張三豐遼東懿州人名全一一名君實三豐其號也以其不修邊幅又號張邋遢頎而偉龜形鶴骨大耳圓目鬚髯如戟寒暑惟一衲一簑所啖升斗輒盡或數日一食或數月不食書經目不忘游處無恒或云一日千里善嬉諧旁若無人嘗游武當諸巖壑語人曰此山異日必大興時五龍南巖紫霄俱燬於兵三豐與其徒去荊榛闢瓦礫創草廬居之已而舍去太祖故聞其名洪武二十四年遣使覓之不得後居寶雞山之金臺觀一日自言當死留頌而逝縣人共棺殮之及葬聞棺內有聲啓視則復活乃遊四川見蜀獻王復入武當歷襄漢蹤跡益奇幻永樂中成祖遣給事中胡濙偕內侍朱祥齎璽書香幣往訪遍歷荒徼積年不遇乃命工部侍郎璡隆平侯張信等督丁夫三十餘萬人大營武當宮觀費以百萬計既成賜名太和太岳山設官鑄印以守竟符三豐言或言三豐金時人元初與劉秉忠同師後學道於鹿邑之太淸宮然皆不可考天順三年英宗賜誥贈爲通微顯化眞人終莫測其存亡也

按三豐此傳未言其善拳法蓋先生已進於道實以之爲入道階梯而不以武顯也

一一　王征南墓誌

有清以前言武技者無內外家之分自黃黎洲先生爲王征南作墓誌銘始指定少林爲外家武當爲內家黃之文云少林以拳勇名天下然主於搏人人亦得而乘之有所謂內家者以靜制動犯者應手即仆故別少林爲外家蓋起於宋之張三豐三豐爲武當丹士徽宗召之道梗不得進夜夢元帝授之拳法數明以單丁殺賊百餘三豐之術百年以後流傳於陝西而王宗爲最著溫州陳州同從王宗受之以此敎其鄉人由是流傳於溫州嘉靖間張松溪爲最著松溪之徒三四人而四明葉繼美近泉爲之魁由是流傳於四明四明得近泉之傳者爲吳崑山周雲泉單思南陳貞石孫繼槎皆各有授受崑山傳李天目徐岱岳天目傳余時仲吳七郎陳茂宏雲泉傳盧紹岐貞石傳董扶輿夏枝溪繼槎傳柴元明姚石門僧耳僧尾而思南之傳則爲王征南思南從征關白歸老於家以其術敎授然精微所在亦深自祕惜掩關而理學子皆不得見征南從樓上穴板窺之得梗概思南子不肖思南自傷身後莫之經紀征南聞之以銀巵數器奉爲美檟之資思南感其義始盡以不傳者傳之征南爲人機警得傳之後絕不露圭角非遇甚困則不發值夜出偵事爲守兵所獲反接廊柱數十人轟飲守之征南拾碎磁偷割其縛探懷中銀望空

而擲數十人方爭攫取征南遂免出數十人追之皆踣地匍匐不能起行數里迷道田間守望者又以爲賊也聚衆圍之征南所向衆無不受傷者歲暮獨行遇營兵七八人挽之負重征南苦辭求免不聽征南至橋上棄其負營兵拔刀擬之征南手格而營兵自擲仆地鏗然刀墮如是者數人最後取其刀投之井中營兵索綆出刀而征南之去遠矣凡搏人皆以其穴死穴暈穴啞穴一切如銅人圖法有惡少侮之者爲征南所擊其人數日不溺踵門謝過乃得如故牧童竊學其法以擊伴侶立死征南視之曰此暈穴也不久當甦已而果然征南任俠嘗爲人報讐然激於不平而後爲之有與征南久故者致金以仇其弟征南毅然絕之曰此以禽獸待我也征南名來咸姓王氏征南其字也自奉化來鄞祖宗周父宰元母陳氏世居城東之車橋至征南而徙同嶴少時隸盧海道若騰海道較藝給糧征南嘗兼數人直詣行部征南七矢破的補臨山把總錢忠介公建口以中軍統營事屢立戰功授都督僉事副總兵官事敗猶與華兵部勾致島人藥書往複兵部受禍讐首未懸征南終身菜食以明其志識者哀之征南罷事家居慕其才藝者以爲貧必易致營將皆通慇懃而征南漠然不顧鋤地擔糞若不知其長有易於求食者在也一日過故人故人與營將同居方延松江教師講習武藝教師倨坐彈三弦視征南麻巾緼袍若無有故人爲言征南善拳法教師斜盼之曰若亦能此乎征南謝不敏教師軒衣張眉曰亦可小試之乎征南固謝

不敏敎師以其畏己也强之愈力征南不得已而應敎師被跌請復之再跌而流血被面敎師乃下拜贄以二縑征南未嘗讀書然與士大夫談論則蘊藉可喜了不見其爲麤人也予嘗與之入天童僧山焱有膂力四五人不能掣其手稍近征南則蹶然負痛征南曰今人以內家無可眩曜於是以外家攙入之此學行當衰矣因許叙其源流忽忽九載征南以哭子死高辰四狀其行求予誌之生於某年丁已三月五日卒於某年己酉二月九日年五十三娶孫氏子二人夢得前一月殤次祖德以某月日葬於同𡺎之陽銘曰有技如斯而不一施終不鬻技其志可悲水淺山老孤墳孰保視此銘章庶幾有考

余按黎洲所作王征南墓誌僅叙征南生平未述其藝之原委黎洲重征南之技及其爲人溢於言表故令其季子百家從征南學茲並誌百家之述征南拳法爲學太極拳者所參考焉

三一　王征南內家拳法

百家之述內家拳法云自外家至少林其術精矣張三豐旣精於少林復從而翻之是名內家得其一二者已足勝少林王征南先生從學單思南而獨得其全余少不習科舉業喜事甚聞先生名因裹糧至寶幢學焉先生亦自絕憐其技授受甚難其人亦樂得余而傳之居室敝罕習余於其旁之鐵佛寺其拳法有應敵打法色名若干（長拳滾斫分心十字擺肘逼門迎風鐵扇異物投先推肘補陰彎心杵肋舜子

投井剪腕點節紅霞貫日烏雲掩月猿猴獻果綰肘裏靠仙人照掌彎弓大步兌換抱月左右揚鞭鐵門門柳穿魚滿肚疼連枝箭一提金雙架筆金剛跌雙推窗順牽羊亂抽麻燕抬腮虎抱頭四把腰等法）穴法若干（死穴啞穴暈穴咳穴膀胱蝦蟆猿跳曲池鎖喉解頤合谷內關三里諸穴）所禁犯病法若干（懈散遲緩歪斜寒肩老步腆胸直立軟腿脫肘截拳扭臀曲腰開門捉影雙手齊出）而其要則在乎練練既熟不必顧盼擬合信乎而應縱橫前後悉逢肯綮其練法有手練者三十五（斫削科磕靠擄逼抹芟敲搖擺撒鐮攔兜搭剪分挑綰衝鉤勒耀兌換括起倒壓發插削釣）練步者十八（墊步後墊步碾步沖步撒步曲步蹋步斂步坐馬步釣馬步連枝步仙人步分身步翻身步退步遛步斜步絞花步而總攝於六路與十段錦之中有歌訣其六路歌曰佑神通臂最為高斗門深鎖轉英豪仙人立起朝天勢撒出抱月不相饒揚鞭左右人難及煞錐衝擄兩翅搖其十段錦歌曰立起坐山虎勢迴身急步三追架起雙刀斂步滾斫進退三回分身十字急三追架刀斫歸營寨紐拳碾步勢如初滾斫退歸原路入步韜在前進滾斫歸初飛步金雞獨立緊攀弓坐馬四平兩顧顧其詞皆隱略難記余因各為詮釋之以備遺忘詮六路曰斗門左膊垂下拳拳相對為斗門右足踝前斜靠左足踝後名連枝步右手以雙指從左拳鉤進復鉤出名亂抽麻右足亦隨右手向左足前鉤進復鉤出作小蹋步還連枝通臂長拳也右手先陰出

長拳左手伏乳共四長拳足連枝隨長拳微搓挪左右凡長拳要對直手背向內向外者即病中藏法拳仙人朝天勢將左手長拳往右耳後向左前斫下伏乳左足搓左右手往左耳後向右前斫下鈎起閣左拳背拗右拳正當鼻前似朝天勢右足跟劃進當前橫向外綮左足尖如丁字樣是爲仙人步凡步俱蹲矬直立者病法所禁抱月右足向右至後大撒步左足隨轉右作坐馬步兩拳平陰相對爲抱月復搓前手還斗門足還連枝仍四長拳斂左右拳緊叉當胸陽面右外左內兩肘夾脇揚鞭足搓轉向後右足在前左足在後右足即前進追步右手陽發陰膊直肘平屈橫直如角尺樣左手扯後伏脅一斂轉面左手亦陽發陰左足進同上煞鎚左手平陰屈橫右手向後兜至左掌右足隨右手齊進至左足後衝撥右手右後翻身直斫右足隨轉向後左足揭起左拳衝下着左膝上爲釣馬步此專破少林摟地挖金磚等法者右手撥左肘左手即從右手內豎起左足上前逼步右足隨進後仍還連枝兩手仍還斗門兩手搖擺兩足搓右作坐馬步兩拳平陰着胸先將右手掠開平直如翅復收至胸左手亦然銼十段錦曰坐山虎勢起斗門連枝足搓向右作坐馬兩拳平陰着胸急步三追右手撒開轉身左手出長拳同六路但六路用連枝步至搓轉方右足在前仍還連枝步而此用進退斂步循環三進雙刀斂步左膊垂下拳直豎當前右手平屈向外搓左足內兩足緊斂步滚斫進退三廻將前手捺下後手斫進如是者三進三退凡斫

法上圓中直下仍圓如鉞斧樣分身十字兩手仍着胸以左手撒開左足隨左手出右手出長拳循環三拳右手仍着胸以右手撒開左足当面左手出長拳亦循環三拳架刀斫歸營棨右手復义左手內斫法同前滾斫法但轉面只三斫用右手轉身紐拳磯步拳下垂左手略出右手下出上進俱陰面左足隨左手右足隨右手搓挪不轉而兩紐滾斫退歸原路左手翻身三斫退步縮隨前進左手平着胸略撒開平直右手殺拳兜上至左手腕中止左足隨左手入斂步翻身右手亦平着胸同上滾斫歸初飛步右手斫後右足搓挪金雞獨立緊彎弓右手復斫左足搓轉左拳自上至下左足鈎馬進半步右足隨遝連枝即六路拳衝鈎馬步坐馬四平兩顧即六路兩翅搖擺遝斗門轉坐馬搖擺六路與十段錦多相同處大約六路練骨使之能緊十段錦緊後又使之放開先生見之笑曰余以終身之習往往猶費追憶子一何簡捷若是乎雖然子藝自此不精矣先生之所注意獨喜自負廻絕乎凡技之上者則有盤斫拳家惟斫最重斫有四種滾斫柳葉斫十字斫雷斫而先生另有盤斫則能以斫破斫此則先生熟久智生劃焉心開而獨創者也方余之習拳於鐵佛寺也琉璃慘淡土木猙獰余與先生演肄之餘濁酒數盃團圞繞步候山月之方升聽溪流之嗚咽先生談古論今意氣慷慨因爲余兼及槍刀劍鉞之法曰拳成此外不難矣某某處即槍法也某某處即劍鉞法也以至卒伍之步伐陣壘之規模莫不淋漓傾倒曰我無傳人我將

盡授之予余時與端出火輿致方腾嘉睢陽伯紀之爲人謂天下事必非齷齪拘儒之所任必其能上馬殺敵下馬勤王始不負七尺於世當是時西南既靖東南亦平四海晏如此眞挽强二石不若一丁之時家大人見余跅弛放蹤恐逐流爲年少狹邪之徒將使學爲科舉之文而余見家世飄零當此之時技即成而何所用亦遂自悔其所爲因降心抑志一意夫經生業擔簦負笈問途於陳子蘷獻陳子介眉范子國文萬子季野張子心友等而諸君子適亦俱亦在甬南先生入城時嘗過余齋談及武藝事猶爲余諄諄愷切曰拳不在多惟在熟練之純熟即六路亦用之不窮其中分陰陽止十八法而變出即有四十九又曰拳如紋花槌左右中前後皆到不可止顧一面又曰拳亦由博而歸約由七十二跌（即長拳滾斫分心十字等打法名色）三十五掌（即斫削科磕靠等）以至十八（即六路中十八法 由十八而十二（倒換搓挪滾脫牽綰跪坐撾拿）由十二而總歸存心之五字（敬緊徑勁切）故精於拳者所記止有數字余時注意舉業雖勉强聽受非復昔日之興會而先生亦且貧病交纏心枯容悴而儽矣今先生之死止七年吾鄉盜賊亦相蟻合流離載道白骨蔽野此時得一桑懌足以除之而二三士子猶伊吾於城門晝閉之中當事者命一二守望相助等題以爲平盜之政士子摭拾一二兵農合一之語以爲經濟之才龍門子秦士錄曰使弼在必當有以自見言念先生竟空槁三尺蒿下寧不惜哉嗟乎先生不可作矣念

當日得先生之學即豈敢謂遂有關於匡王定霸之略然而一障一堡或如范長生樊雅等保護鄉閭自審諒庶幾焉亦何至播徙海濱担簦四顧望塵一起而無適所如今日乎則昔以從學於先生而悔者今又不覺甚悔夫前之悔矣先生之術所授者惟余余既負先生之知則此術已爲廣陵散矣余寧忍哉故特備著其委屑庶後有好事者或可因是而得之也雖然木牛流馬諸葛書中之尺寸詳矣三千年來能復用之者誰乎

予按前文黃百家所記征南拳法其中名路與今之太極拳相殊南方有志門拳大致與此彷佛然亦多不類若遂指此爲太極拳未免嫌於附會如覔同於此之拳法尚未能一見惟聞之余師吳鑑泉許禹生兩先生之言稱此爲成功後再進之功夫又有謂爲太極拳之一種者附記於此冀博雅君子考証之

四　張松溪傳

曹秉仁甯波府志載張松溪傳其文云松溪鄞人善搏師孫三老其法自言起於宋之張三豐三豐爲武當丹士徽宗召之道梗不前夜夢元帝授之拳法厥明以單丁殺賊百餘遂以絕技名於世由三豐而後至嘉靖時其法遂傳於四明而松溪爲最著松溪爲人恂恂如儒者遇人恭敬身若不勝衣人求其食輒遜謝避去時少林僧以拳勇名天下值倭亂當事召僧擊倭有僧七十輩聞松溪名至鄞求見松溪蔽匿

不出少年慫慂之試一往見諸僧方較技酒樓上忽失笑僧知其松溪也遂求試松溪曰必欲試者須召里正約死無所問許之松溪袖手坐一僧跳躍來蹴松溪稍側身舉手送之其僧如飛丸隕空墜重樓下幾斃衆僧始駭服嘗與諸少年入城諸少年閉之月城中羅拜曰今進退無所幸一試之松溪不得已乃使諸少年舉園石可數百斤者累之謂曰吾七十老人無所用試供諸君一笑可乎舉右手側而劈之三石皆分爲兩其奇異如此松溪之徒三四人葉近泉爲之最得近泉之傳者爲吳崑山周雲泉單思南陳貞石孫繼槎皆各有授受崑山傳李天目徐岱岳天目傳余波仲陳茂宏吳七郎雲泉傳盧紹岐貞石傳夏技溪董扶輿繼槎傳柴元明姚石門僧耳僧尾而思南之傳則有王征南征南名來咸爲人尙義行誼修謹不以所長炫人蓋拳勇之術有二一爲外家一爲內家外家則少林爲盛其法主於搏人而跳踉奮躍或失之殊故往往得爲人所乘內家則松溪之傳爲正其法主於禦敵非遇困厄則不發發則所當必靡無隙可乘故內家之術尤爲善其搏人必以其穴有暈穴有啞穴有死穴相其穴而輕重擊之無毫髮爽者其尤秘者則有敬緊徑勁切五字訣非入室弟子不以相授蓋此五字不以爲用而所以神其用猶兵家之仁信智勇歟云

寧波府志作於雍正年間蓋亦本黃黎洲所作王征南墓誌其叙源流多相類今人言太極拳文獻者亦

唯此數文爲可據竊疑張三豐所傳者既係如此則今之太極拳是否即此不敢臆斷以其名稱多不相同不得不懷疑耳然則今之太極拳果爲何人所傳乎有謂假託三豐以傳借以取信仰於世此語亦不可謂無理也但今之言太極拳者不問何派統謂張三豐祖師所傳三豐而外殊難另覓可信之證據其拳法之姿式應用種種即按最盛行於今之十三式言之確含有周易太極最深奥之哲理而在用意方面又無不合於心理運動又無不合於生理用力又無不合於力學證以他項拳術斯爲最備以科學哲學冶於一爐誠我中國之破天荒一大學術也吾人既究心於國術之運動與應用僅可將關於史學問題闕疑不論而致力於實際即使可證明是否爲張三豐祖師之所傳亦僅足供茶餘酒後之談助與太極拳前途仍無所補故可畧而不論也乃今之言國術源流者非齦齦於釋道之分即斤斤於內外之別果何益於已何補於人甚有爲一己之鄙見以文字爲褒貶不但畫內外南北之鴻溝且自暴其一孔之見能順其意者尊若父祖不同流合汚者恨若仇讐則更令識者齒冷國術人士果皆可欺也哉

第三章　太極拳名著

自張三豐先生創此拳法流傳至今其間不乏可傳之作惟昔人視爲秘寶不肯輕以授人遂致知者漸少而眞義漸失余今搜集名著擇其精要與衆研究一洗從前自秘之習而於太極拳法之精義已大備

無遺義者余師許禹生先生均手自註釋以詔後學致僅佈其原文免佔篇幅習武之士誠能遵道而行其成就未可量也

一 太極拳論

張三豐先生遺著

一舉動周身俱要輕靈尤須貫串氣宜鼓盪神宜內斂毋使有缺陷處毋使有凸凹處毋使有斷續處其根在脚發於腿主宰於腰形於手指由脚而腿而腰總須完整一氣向前退後乃得機得勢有不得機得勢身便散亂其病必於腰腿求之上下前後左右皆然凡此皆是意不在外面有上即有下有前卽有後有左即有右如意要向上即寓下意若將物掀起而加以挫之之意斯其根自斷乃壞之速而無疑虛實宜分清楚一處自有一處虛實處處總此一虛實周身節節貫串無令絲毫間斷耳

長拳（太極拳亦名長拳）者如長江大海滔滔不絕也十三式者掤攦擠按採挒肘靠此八卦也進步退步左顧右盼中定此五行也掤攦擠按即乾坤坎離四正方也採挒肘靠即巽震兌艮四斜角也進退顧盼定即火水木金土也

二 太極拳經

太極者無極而生動靜之機陰陽之母也動之則分靜之則合無過不及隨曲就伸人剛我柔謂之走我

順人背謂之粘動急則急應動緩則緩隨雖變化萬端而理爲一貫由着熟而漸悟懂勁由懂勁而階及神明然非用力之久不能豁然貫通焉虛(一作須)領頂勁氣沉丹田不偏不倚忽隱忽現左重則左虛右重則右杳仰之則彌高俯之則彌深進之則愈長退之則愈促一羽不能加蠅蟲不能落人不知我我獨知人英雄所向無敵蓋皆由此而及也斯技旁門甚多雖勢有不同槪不外乎壯欺弱慢讓快耳有力打無力手慢讓手快此皆先天自然之能非關學力而有所爲也察四兩撥千斤之句(見打手歌)顯非力勝觀耄耋能禦衆之形快何能爲立如平準活似車輪偏沉則隨雙重則滯每見數年純功不能運化者率皆自爲人制雙重之病未悟耳欲避此病須知陰陽粘即是走走即是粘陰不離陽陽不離陰陰陽相濟方爲懂勁懂勁後愈練愈精默識揣摩漸至從心所欲本是舍己從人多誤舍近求遠所謂差之毫釐謬以千里學者不可不詳辨焉是爲論

三　十三式行功心解

以心行氣務令沉着乃能收斂入骨以氣運身務令順遂乃能便利從心精神能提得起則無遲重之虞所謂頂頭懸也意氣須換得靈乃有圓活之趣所謂變動虛實也發勁須沉着鬆靜專主一方立身須中正安舒支撑八面行氣如九曲珠無往不利(氣遍身軀之謂)運勁如百煉鋼何堅不催形如搏兎之

鶻神似捕鼠之貓靜如山岳動若江河蓄勁如開弓發勁如放箭曲中求直蓄而後發力由脊發步隨身換收即是放斷而復連往復須有摺疊進退須由轉換極柔輭然後極堅硬能呼吸然後能靈活氣以直養而無害勁以曲蓄而有餘心爲令氣爲旗腰爲纛先求開展後求緊湊乃可臻於縝密矣

又曰先在心後在身腹鬆氣斂入骨神舒體靜刻刻在心切記一動無有不動一靜無有不靜牽動往來氣貼背斂入骨髓內固精神外示安逸邁步如貓行運勁如抽絲全神意在精神不在氣在氣則滯有氣者無力無氣者純剛氣如車輪腰如車軸

四 打手歌

掤握擠按須認眞上下相隨人難近任他巨力來打我牽動四兩撥千斤引進落空合即出粘連黏隨不丟頂

五 太極拳十三式歌

十三式式莫輕視命意源頭在腰際變轉虛實須留意氣遍身軀不少滯靜中觸動動猶靜因敵變化示神奇式式存心窺用意得來全不費工夫刻刻留心在腰間腹內鬆靜氣騰然尾閭中正神貫頂滿身輕利頂頭懸仔細留心向推求屈伸開合聽自由入門引路須口授功夫無息法自修若言體用何爲準意

氣君來骨肉臣想推用意終何在益壽延年不老春歌兮歌兮百四十字字真切義無遺若不向此推求去枉費工夫貽嘆惜

按王宗岳為三豐先生大弟子世稱北派太極拳開山祖前數文皆王之遺著於是種拳法之真義悉已道出學者誠能本此師法一意猛進將不至為歧途所誤也

六 八字歌

掤攦擠按世界稀十個藝人九不知若能輕靈並堅硬粘連黏隨俱無疑採挒肘靠更出奇行之不用費心思果得粘連黏隨字得其環中不支離

七 心會論

腰脊為第一之主宰喉頭為第二之主宰心地為第三之主宰丹田為第一之資輔指掌為第二之資輔足掌為第三之資輔

八 週身大用論

一要性心與意靜自然無處不輕靈二要遍體氣流行一定繼續不能停三要喉頭永不拋問盡天下衆英豪如詢大功因何得表裏精粗無不到

九　十六關要論

蹬之於足行之於腿縱之於膝活潑於腰靈通於背神貫於頂流行於氣運之於掌通之於指斂之於髓達之於神凝之於耳息之於鼻呼吸往來於口渾噩於身全體發之於毛

十　功用歌

輕靈活潑求懂勁陰陽相濟無滯病若得四兩撥千斤開合鼓盪主宰定

十一　用行五誌

博學　審問　愼思　明辨　篤行

自八字歌以次數文相傳爲三豐先生授宋遠橋者合之王宗岳者可成完璧惟今之習太極拳者多不知此僅朝夕孜孜於不甚澈底之姿勢更致力於尙無意識之推手術將中間一段大功偸偸過去敎者難辭欺人之咎習者應多自誤之悔雖所傳姿勢間有不一而入門進功之路線確不能離去古人所定之原則而自闢蹊徑然卽知此行功之要亦何足爲重惟在能遵道而行不自欺欺人耳如更有特殊之新發明則於斯道誠屬有功此不佞一得之愚願以忠告習太極拳同志者何去何從應自擇之也

第四章　太極拳體用概論

拳術至於太極無理不包無法不舉前人之述備矣不佞管窺所及每病實際與理論分道而馳無程序以統系之應以實際爲根本理論爲輔助按部就班循序漸近若競尚理論雖日日步武古人而其離古人愈遠何論進步蓋古人法式類爲有志深造者而立非爲浮淺之士作縱談之助也故徒習拳法不明拳理者固不可而淸談空理實際虛浮者尤足病則知行合一而後有成體用兼修程序尙已爰以淺語發揮深意世之君子或亦以芻言爲一得之助歟

一 順序

武技之傳多祖少林而少林師徒星散衣鉢久失嘗見江湖拳勇之士巧爲附會動輒自詡得少林眞傳而不知廣靈散已成絕響即稍得其眞者亦分門別戶各自成家蘭蕙蒿萊同生並植溯流推源渺無底據國魂淪喪甚可惜也張三豐先生既精於少林復從而溯之名曰武當派世傳即太極十三式也黃百家爲王征南傳云得其一二已足勝少林其貴且重可想見矣蓋武當之傳並傳理論故維繫至今而不墜惠我後學誠非淺鮮使徒尙形式而薄理論其不至於湮滅者幾希世之標榜提倡者非漫然也顧其體用何如耳夫藝可分乎精粗功有別於內外內功練氣外功練力力有時而窮氣無往不在內功練勁外功練着着每出於有意勁多發於無形故力可窮也着可盡也惟氣與勁從吾心之所欲順天地自然

之理極人生固有之良能技而進於道不得以小道而忽之也夫太極拳術豈徒剽名爲內功哉其亦有其特殊之意義焉然氣之不易練勁之不易懂蓋人而知之則吾人習者亦必有順序而後可茲分述之

一曰氣　太極拳爲名內功氣爲之也人之於氣猶魚之於水須臾不可忽離其重要逾於衣食既知其重當必保之使其充培之使其盛用之有方練之有術而後勁於其中現乎其外浩然沛然充一身而塞天地吾人習焉不察不自知其偉且大也古今養氣之說至夥類闡其理而昧其法孟子尙難言之小儒申其呫嗶雕詞琢句以爲騁其氣可謂不揣本而齊末者矣人之生命貴在有身今之言健身者首重運動以爲健其筋肉四肢卽足矣國術中以此爲旨者名曰外功反之以養氣練氣運用其氣者名曰內功太極拳之名內功實內外俱修亦運動其筋骨四肢惟以氣爲主氣充則身健身健則志壯配義與道自可充宇宙而塞四海與專主內練若靜坐等功者殊途蓋專練外功者久則傷氣外強而內弱失其平衡專主內練者筋肉澀滯體蔽而神弛戕其生意其效與弊未敢斷言也太極之爲功外則運動其筋骨內則充實其氣練氣之法分呼吸與導引呼吸法者今人名之曰正呼吸亦曰深呼吸其法吸時鼻孔吸氣鬆胸收腹徐吸至胸內氣滿不可再容之際即呼氣呼時氣由鼻孔出腹漸放出至無氣可呼而再吸謂之一息反復不已惟須與身體手足之動作相合內外始能一致動作之範圍爲上下左右前後開合手

足動作之往復呼吸相間毫不紊亂且同時以意運內臟之體積隨動作方向鼓盪開合以助勢是內外同時俱動也雖起伏折叠扭轉變化應呼應吸絲毫無誤但呼吸與姿勢動作相合則姿勢之動作自然因呼吸而緩漫故曰「運動如抽絲」綏練自能調息也身體運動內臟亦隨之而動在生理學稱內臟各部爲不隨意筋因不能自行動作也今使之動者純以氣壓迫伸縮輔以意識而上下左右之耳其動作係各臟統一無所軒輊能增進其消化循環諸系之作用而極端發展其本能康強堅固自無論矣吾人有生百年之中常爲肢體手足之動作其內臟之動作絕少求健康者皆知運動其身體是賴雖外部運動亦能牽及內臟然緩和之動作不足震動內部激烈者或且生弊蓋皆忽於內臟之運動而未專意於氣之作用也今有人焉內外兼修以從事於臟腑之運動其內部之健康必大異常人遑論其外西人以深呼吸法爲健康秘訣其論僅及於肺部之發達此則並及於內臟之全部立意之高功效之大誠非他種健身方法可及也然習太極拳者未可驟習呼吸恐於姿勢有礙反促成不規則之運動而於進功程序上發生不可思議之阻滯故在初習者必俟姿勢純熟着法明瞭澈底清晰拳中之理論後始行之以免顧此失彼有傷內部而氣與身體動作內外相合之法亦未可躐等而進所謂「入門引路須口授」（太極十三式歌）者固慎之又慎也初習者於拳式初練之先或後皆可單行呼吸法片時以爲將來

加入拳式之準備及加入之時亦依式漸增尤忌欲速生弊第求其自然於不知不覺中能之非勉强事也次言導引導引法者在上古醫藥尚未發明人之病者輒俯仰屈伸以意導氣濟針砭所不及太極拳言氣而重以意導之者即古導引法之遺意雖具健身之意兼含技擊之應用故練拳式時氣須脊着到手以通暢其血液增長其膂力張三豐先生云「其根在足發於腿主宰於腰形於手指」是即行氣之路綫吾人順其路綫以意導之覺有物恍惚順之而至然不可斷意意斷則不復舉故練時貴於心靜心靜則意專意在於斯氣即隨至譬吾人閒居之時忽專心注意於自身某部則某部之感覺頓異於其他各部况復專意導氣於斯乎導氣之時絲毫不可有力有力則滯感覺立失故須鬆靜專主一方久之意動則氣動至導於手則覺騰然而熱最可迅速感覺之者厥爲由背部腰脊至於肩至於肘經掌沿而小指無名指中指食指如拇指有所覺則爲氣至練之既久有不以意運之而氣可自至者其應如響其迅如電在太極拳式無一式不用意亦無一式不導引惟導引云者非綫上之學說必須習者自身經歷而後可與言非然者或且目爲妄誕而鄙棄之矣再有進者氣爲人生根本呼吸導引皆所以盡其用也呼吸法前略言之導引尤須合於呼吸與動作意之所至隨呼吸爲開合總之動作呼吸意與導引四者始終連帶合爲一體始則分而習之終則合而致用充其身則體健施乎物則事集吾故曰氣充志壯以道義

配之爲聖爲賢爲英雄豪傑澤及當時而德被後世孟子貴發此浩然也若曰健身禦侮尚淺乎視之矣

二曰勁　勁字釋文頗多用法各別在國術範圍稱有勁無勁勁大勁小者類以勁字代表力量惟太極拳所稱之勁除作普通力量解釋外由功深練出之靈明活潑方法謂之勁有意識之力量亦謂之勁對敵變化之機由感覺靈敏而察知者謂之懂勁順敵之緩急進退於動而未形有無之間察知之且施以自然制敵之方法謂之用勁勁字之釋義大略如是而其妙則千變萬化未可以言語論也太極拳言勁爲他項國術所不及他拳多言着法着法能用卽爲成功太極則着熟之後尚進懂勁其立標甚遠故成功之後不恃着而恃勁此其特點惟學者習聞運勁之妙每致好高務遠不循自然程序勢而無成可爲致慨爲太極拳計者應急固定進功之次序以免歧途之誤今略釋勁內所含之成分亦可覓得其步驟焉勁之爲物由着法與感覺共同煅煉而成着法者卽拳術所具自衛禦侮之各種方法也着法各個之聯貫練習卽爲姿勢蓋內功言勁非不講着是着爲勁之先用着必合乎勁以勁爲主以着副之而練勁必先練着練着之法必求之姿勢故糾正姿勢不可忽也姿勢正確則着之發必中是則習太極拳者應先求姿勢之正確次求着法之應用就着而生勁藉勁以用着着法既熟則由練習而潛還其感覺感覺愈靈敏則自入於懂勁之域神而明之可以目聽以眉語也但不僅姿勢着法可以練勁也由推手術推

益以銳敏其感覺尤爲練勁之絕妙方式故有謂習太極拳而不習推手術與習外功者等或且不如外功

上述習太極拳之順序氣爲呼吸與導引勁爲姿勢着法及感覺已第其練習之先後並著其包含之大義惟氣與勁在拳中不可須臾相離分晰言之者所以明練之懂之之方也循序漸進在乎師傳行功由己而由人乎哉

二　明理

太極拳術姿勢之運動近之教授者有數派之不同漸生是己非人之卑鄙觀念雖一本萬殊各有短長然得骨得皮割裂誰處優於此者必劣於彼殊失一貫相傳之意行至眞贋莫辨啟後人疑信不確之心數傳之後其不淪沒者幾希求能折衷統一不偏不欹集各派之精華承內家之薪傳者無過於許禹生氏所著之太極拳勢圖解關於姿勢之動作運動部位與生理之關係應用之方法昭然若揭雖無師可以自通覗被故神其說沒詞聳聽較此平易中庸者自不類矣蓋習者騖於新奇競尙怪誕致門戶私立有江河日下之勢吾人瞻前顧後心所謂危差之毫釐謬之千里昔有習太極拳數年者其言曰太極拳立論甚高然按之數年之練習於身體確能健康至應用懂勁恐涉空談非常人之所能也不佞聞而歎

之嗚呼是習者之過耶抑教者之過耶詎非於太極拳理論及進功之程序根本錯誤乎哉不至生弊倘其人之幸也故習太極拳須明其理論悉其步驟勿立異以爲高勿見異而思遷

明理者何太極拳者內功也其旨在引勁導氣故其體也主柔其動也主緩柔則勁不滯緩則氣可均發於內而動於外臟腑神經五官百骸動則皆動靜則皆靜神意氣勁相與爲用感而遂通內外合一者也故曰極柔輭然後極堅硬今人第見其柔緩不究其所以柔緩之故遂有改他項剛疾之拳術而柔緩練習之者且曰此內功也非功深莫知其奥大言不慚以欺世詰以故則不對噫此皆竊太極拳之皮毛而不明太極拳理者之所爲也若以柔緩即爲內功則凡國術無不可以柔緩練之豈重可謂爲內功是眞國術史上之奇恥而爲通人所齒冷者矣習者宜根本認淸不背原則證以理論免歧途之誤入成習慣之難改雖後悔有莫及者故初學姿勢即應愼之於始勿徒然也

姿勢練習之當否爲教授者責任內事其語繁瑣玆篇畧而不述但學者自應詳加考究勿輕易放過以爲不拘形式可以成功而昧其意義尤宜加意於由運動所得之效果而發揚太極拳術在體育上之價值

太極拳所含之效能概可分爲三部一健身二應用三修養健身之意義完全根於體育之原理已收教

於世人多能知之能言之修養云者修養其高尚道德偉大人格參證仙佛之奧理蓋入道之基也不佞就國術立論茲特言應用亦可謂太極拳之一體耳

學者既熟習拳內之各姿勢後在理必欲探討各式之技擊方法此蓋人之常情但此種方法內外家迥分兩派論者多以內家主柔外家主剛此說誤人久矣夫剛柔喻陰陽也有陰無陽何以圓其太極之理剛柔互用豈須臾離哉論者見太極拳運動以柔爲主也遂並謂其應用亦盡主柔運動主柔者爲氣勁不滯也應用有時而柔乃柔其所當柔非柔其所應剛當柔則柔當剛則剛柔用化而剛用制惟審於動靜之機則因應咸宜而悉本乎虛靜虛則能容靜則能應人見太極拳以虛靜勝人者矣故謂其悉主柔也詎知柔中之剛有無堅不破之效乎學者遂偏柔而疲中若無物無所用其剛亦無以施其柔而流於滑其弊何減於太剛則折哉惟剛柔互用而執其中斯乃太極拳之正軌夫柔不至於疲剛不至於折因力於敵分合而變化之其權在我何有痕跡以見於外固未可漸其剛柔也以有謂初習太極拳每失之過及稍懂勁則失之不及是誠經驗之談蓋未習此拳或曾習他拳者多不知柔勁爲何物故初習之時不能如法以行遂於無意中貫以拙力其運用毫無是處迨稍進步則又矯枉過正以偏於柔乃於對敵之時而有過與不及之現象出矣然則太極拳者世所稱爲內家者也其不同於他拳者究安在張松溪

傳有云「內家以防人爲主外家以搏人爲主」考之太極拳經舍己從人之意其說近是而在拳法着勁之應用亦每主於防人防人者以守爲攻如桓溫之善博有必得之意搏人則或失之疏而又偏於太猛故習太極拳技擊法必去其輕浮剛猛之氣而入於靜淸無爲之域就有形之着勢研究其動靜虛實之變化身勢手步一氣貫串上下左右前後刻刻提防如臨大敵爲履薄冰毋使拙力毋用猛勁練習時如此對敵時亦如此務令還自然之狀態而後能成自然之懂勁故先達云練習時無人如有人遇敵時有人如無人其心小胆大之意吾人當奉爲圭臬惟天下之靜者乃能見微而知著以此鍛練不難迎刃而解也

習太極拳者時至今日幾成爲一種應時好尙爲健身而練習者居多數人方喜其普及余則憂其失傳能者愈多價值愈下健身而外幾不復知有技擊之妙進從不多見有顯其身手者聲譽且將下於其他拳術直以運動身體之一種方法視之矣其大故有二學者輕視或不明太極拳之價值而不作深刻之討論一也教者僅以姿勢塞責或示之四正推手任其自練以爲從此可以懂勁結果絲毫不能應用反受制於敵二也有此二因已足落美學於千仞之淵爲人輕視況或不但此二因耶天下之理凡近者易達高者難及然若以其難及遂抹煞其高烏乎可也太極拳成功不易非眞不易也夫以學者日常片刻

之刻版練習不求精進何能達於成功而况教者無適當之步驟學者無勇往之研究雖有數年之功與未學者何殊他拳之教練法固亦習術之政然尚可手足活潑體力漸增挨之漫不敵快弱不敵强之理則他拳勝而太極敗宜也非太極不勝也其人固未嘗知太極也以其人之掛名於太極拳而太極拳遂被其累寃煞太極拳矣今欲立反其弊須有研究之步驟與方法雖不可一旦及於神明懂勁亦可熟應用之着爲太極拳一吐其氣所謂圖王不成猶至於霸也何遽爲人所輕視哉

太極拳研究之步驟與方法不佞嘗受教於良師益友矣不敢自是於己或亦有補於人茲詳論之與吾同門人士共研究焉

（一）太極拳應敵之方法

一曰化　順敵之力而柔化之使不加吾身也

二曰發　化敵力使之落空稍定即順其同力之方向而擲發之也

三曰擊　化敵之力致出隅者擊之或乘敵空虛弱點不防不及之處而擊之也

以上三者可包括拳中各法惟太極拳特重於化與發而於擊法間亦用之故今之言者分爲三派之不同吾人應於此三種方法作分晰之研究凡各種應敵方法或着或勁屬於何法第其先後作實際應用

上之練習

(二)太極拳應敵之部位

一曰上盤　肩以上頭部是也

二曰中盤　肩以下胯以上軀幹部是也

三曰下盤　胯以下至足部是也

以上三盤可包括人身之全部敵與我皆有之我能制敵敵亦能制我他拳嘗有分練之說然只注重攻人太極則根本即含攻防兩種方法應分攻人與防人拳中某式某法爲某盤係攻係守宜詳分別則可得上中下三盤之攻守方法各若干可擇而用之也

(三)太極拳用以應敵者有三

一曰掌　(附指)

二曰拳

三曰脚

以上三者可包括拳中應敵所需之物然肩胯肘膝無不能用惟皆所以助此三者之不及而三者之中

尤以掌爲重因本拳術重在發人故也吾人研究之法宜詳分關於掌者拳者脚者之應用各得若干就其便於己者不懈而練習應用之也

(四)太極拳之手步身法

一曰手法　應敵之各種方法也

二曰步法　進退左右用步之方法也

三曰身法　扭轉顧盼俯仰屈伸之方法也

以上各法互相聯貫不可單獨應用太極拳之手法其勁有八散見於拳路之中其變化之妙可以盡天下之數而無窮步法有五而功用至巨蓋所謂五行變於足八卦運乎手凡一舉動無不如是也上下左右前後起落身勢隨手步而變換手步隨身勢爲轉移剛柔動靜倚伏相尋是以言身法不能離乎手步亦不能舍身法而言手步也手法之變化固不可方物至步法之上下進退坐卸順拗開歛跟曲翻斜等等身法之起伏進退蹲斜轉翻披貼靠閃諸法皆隨手法以爲用惟須分別研究單獨練習而後可得拳中各式所具之獨立精神以達於熟着懂勁之域

總之上述研究之步驟有四其成功與否視人之功行而定信能行此四者可以升太極拳之堂矣惟尤

當抱定太極拳之各種原則以免流爲外功之倚着恃强反變其本來之面目焉嘗聞昔之精技擊者精其一着遂無敵於天下似不貴多而貴精然必經過極深之研究經驗始能成非無意識之盲練可收效也乃至於無敵則必有大過人者而人多莫察其與實即由着熟而懂勁者也設若習之不專何能有如此之現象哉故習太極拳並無異於其他拳術惟須發揚其獨到之妙先由姿式以求着復由用着以生勁雖一手一指盡能自衞制敵而不待着法之輔助是爲能用其勁洵非順一定之步驟持之有恒成爲習慣經實際之操戰揣摩不可得若徒標高名無步驟可循是欲其入而閉之門也學者於上述四者有相當之研究後更應就性之所近心之所喜各擇一法或數法日常練習應用之方其成功至速雖至少有一着之精因是而豁然貫通顧非所以表現其眞精神也哉

三一　辨虛實

對敵之方法甚多然不外奇正虛實而已太極拳式式之中着着之內均可包含此四者而無遺而尤以虛實之辨爲最要但辨也者非僅辨敵人先須辨自己之虛實也辨人不易辨己亦難學人不察多以不知敵之虛實爲難而舍己不論殊不知己急其所緩緩其所急矣夫人苦不自知耳知人何難哉觀太極拳經之言曰「人不知我我獨知人」非明證乎然則知人之方較易惟我能自知方能人不知我也自知

之法先辨拳法虛實而太極拳極陰陽變化之能事「一處自應一處虛實處處總此一虛實」甚至以着
言之則顯以勁言之則隱吾人於此有無顯隱之間知所措意乎甞按太極拳對敵之法以「舍己從人」
爲原則其要在黏粘而後近身與他拳先發爲强遠擊偸打者或同或異故虛實不必現於外惟隨敵人
之虛實而反之敵虛我實敵實我虛或敵虛我亦虛敵實我亦實隨機應變不可執一而論他拳純尙着
者其虛實顯著所謂一手只有一手發而不中即須變着變化之間大費周折太極拳粘黏之後隨敵變
化無待於移勢換手瞬息萬變純就敵人之虛實而應之功夫精純者無意而皆意不法而皆法每不自
知其所以然其運化之妙如雲出無心其虛實誠不易知然此種境界非可一蹴而至也拳經云「虛實
宜分清楚」學者細味其言應於每式每着一開一合一進一退作詳實之探討爲實地之試驗即可了
解一處之虛實繼而全身動作只分一虛實所謂處處總此一虛實也初則爲虛爲實出諸有意再則虛
者實之實者虛之變化無垠終則當虛自虛當實自實虛虛實實實實虛虛渾然而爲太極之象進功之
難固矣則其虛實人必不易知我也人不易知則勝劵可操從吾心之所欲矣知人虛實其法以辨其容
色舉止進退伸縮之方其結果可得十之三四如所謂腿起肩斜是已然此恐恃耳目之觀察心理之猜
度得失參半何可盡是最妙在一黏敵身即恃感覺以辨其虛實接觸之處物無遁形動靜剛柔瞭若觀

火稍觸即發悉逢肯綮攻防常相倚伏虛實互爲消長此太極拳懂勁之特長所異於他拳者然非含有形之觀察蓋特懂勁要於觀察審愼而外以靈覺代替耳目取長補短內外兼施陰陽相濟非僅借耳目以判斷得失故必能靜而後能動能柔而後能剛知己知彼而其方法則在乎練兵法有云「知己知彼百戰不殆知己而不知彼勝負參半」然則知人之方從知己始若己彼皆不能知而欲克敵勝任者何異求魚緣木者哉學者於此曷三致意焉

四　明攻守

嘗謂太極拳以防人爲主然亦視敵方之何如譬雙方均已備戰而均取守勢則可不戰乎必不然也蓋防人之旨不施猛烈之策進免爲敵所乘利敵之瑕而擊之孫子所謂善戰者致人不致於人是也斯乃對敵萬全之策攻人者攻其要害攻其弱點攻其不防攻其不及非漫無意識之進攻守者守己之要害而已難顧之處或強以懾之或弱以誘之而緊隨攻着於其後搭手歌曰「彼不動己不動彼微動己先動」誘敵則敵未有不動敵動則己未有不知非謹守不進之意故攻與守一而二二而一者也有時以守爲攻寓剛於柔之中使敵不防有時以攻爲守置防於進之內使敵難逞其肯其法在在引敵於五里霧中使不得施其計而吾乃可策萬全但攻時注意於嚴防守時分心以待攻此尤學者之金科玉律不

可稍忽惟須平時練就此項精神於無意中運用自爲者是爲得之雖然僅發其理未得其術也太極之動主柔而重於黏敵始生其效用與剛勁過者每被攻入不待粘黏敵身而己已敗攻人之法又非所擅此今之學者之通弊若必與敵靠手而用誠無此理且他拳有重遠擊者矣爲精習腿者類多不令人近其身因近身則腿難用亦有以開展勢擊人者近身則失效分而論之對敵有遠近之別利遠不利近者他拳之弊也利近不利遠者今之習太極拳者之弊也往者嘗觀國術之對試矣雙方取攻勢昧於守法瞬息已近身而彼此以剛抵剛揪結不解十之七八如是太極拳之貴近敵豈非鑒於此弊而然耶其所以高尙一切者抑豈非能利敵之瑕而勝之耶而今則不然且病其遠不待近而已敗古將曰近亦敗也推究其弊實病於柔而不以遠夫以遠勝敵者拳法之次焉者也悉恃着而不知勁勝負之數以耳目之觀察力量之小大手足之遲速可以判矣焉有講勁之妙如太極拳者而反爲之敗太極鑒於遠手之不可恃而爲近身之揣摩近身能勝敵遠不足慮對敵之時瞬息即近近而能勝則全勝矣其敗於未及近身者即近身亦必敗無疑也就各家拳法論利於遠不利於近遠則易於變化進退自如雖不勝尙可閃避不制於敵近則不勝必敗欲遁不得以其未習於近遠法不能近用也利於攻不利於守其意亦復如是太極拳反之正應用我之長擊彼之短乃不待近而已敗故吾以爲其弊在柔柔者偏於守而昧於攻

拳術用步有死活之稱習太極者素多死步死步之用主於黏而守之四隅推手用活步活步之用主於隨而攻之是攻守各有其宜今人死步待敵名爲主守而彼敵以破諉爲未及黏敵然則何以名爲守若以素不擅長之攻法對敵不問可知其敗是則守亦敗攻亦敗太極拳其無用矣乎不然此學者誤於主柔成爲習慣其弊固與遠近無關其程度亦未足與言攻守也矯正之道先分剛柔大畧擊人發人之時其勁多剛化人之時其勁多柔有時剛柔各半有時柔多剛少悉視應用之當否而定未可空論習之既久自可得其妙用然後於攻守之勢可得而言焉攻守之術有三曰待而迎之誘而致之攻而取之待而迎之者守勢也作勢待敵太極拳中多以手揮琵琶勢之抱手爲開始與敵接觸之勢平時推手亦如之此勢上中下三盤皆可保守他拳亦多有用此勢者惟步法稍異待敵手至而迎接之則黏粘敵身矣若粘之不及即變他勢隨其來手格攔以走敵若離身或仆倒我則仍恢復抱手勢以此勢易於變化各勢也誘而致之者敵作勢不進我探其虛實誘之使進也經常亦以抱琵琶勢之前手撲擊敵首或胸此爲虛手敵必以臂上迎順其臂而粘之應用何法其權在我惟撲擊時前手勁須含下沉之意免敵挑起後手緊護前肘及胸腰各部防敵突襲惟撲敵首部易制敵臂擊胸則稍次耳或我手一探即同敵手出則粘之此尤迅速靈動也攻而取之者先發制人之計通常以肉手當先簡捷無比但其運用之妙在乎人

不必以法拘之總之無論爲攻爲守出手務須外柔內剛先防敵之猛衝宜用掤勁以迎之至已接觸則可隨所能而變化焉嘗見有對敵之初前手作雲手之運行後手作摟膝手之摟膝循環不已速度至快遠望之若兩環護身然兼用遊動步法敵進之者無法突擊及一近身則黏粘之矣此亦學太極拳者開始應敵之一法倘有取海底針式待敵者則遜此多矣詳考太極拳各式步法如長江大河有進無退即退亦於退中求進所含應用之方粘走相濟不外攻守二字決無死步以待黏敵之說即已黏敵亦決不能盡用死步又何可以平時練習四正推手之死步適用於變化倘不可測之敵蓋平時之練習不可必實際之應用所貴學者作進一步之研究因敵變化以示神奇勿拘拘於一隅之知膠柱而鼓瑟以柔克剛者今且爲剛所克矣蓋柔其所不當柔而未達剛柔相濟之妙運吾故假攻守之意以爲此說望吾同門人士有所發明改絃而更張之

五　知機變

嘗聞之許師禹生之言曰國術乃人所編創先覺覺後覺斯言也實足破學者畏難之心啓迪其固有之良能然若視爲甚易則必流入似是而非之境或亂參己意失原法之眞精神反不若墨守成法之爲愈以古爲師倘不至成野狐禪也但古人式法只具大體得骨得髓各有進境同師而學異非傳法有異人

之稟賦有不同故所得各異有力者恃其勇輕捷者恃其敏猶牛之角馬之蹄虎豹之爪牙各有其利也然皆偏也求全才者利悉備焉雖毫髮之微無不盡其用以古人爲經而己爲緯索隱搜奇不遺毫末惟顯者易知幽者難測靜爲體者動而爲用靜伏其機動含其變欲執簡以御繁尋根而振葉然則機變不可不講也天下事必有其機相機以觀其變非輕浮氣躁者所能爲況國術爲衛國防身之基礎常遇一髮千鈞之危機者乎言機變者非變化古人法式也在拳式中作進步之探討推衍所至必得其源若命名也或屬直指或屬寓意或屬象形若言勁也或化而鄉或掤而按或採而提或擺而擠或粘而發之或挒而擊之須先就立意所在而揣摩其法靜守其機動究其變現於體者能否適於用則可知一貫之傳其間更變得失之所在矣動於用者是否合於體則可知萬殊之法其間推衍進退之所由矣而後以吾之所得作實際之應用始則誘引擬合繼則得失參半終則所發輒中在太極拳名爲熟着之功然此着之動必有其機彼着之來必有其變故必知敵之變而扼其機審敵之機而制其變其要在有後人發先人至之巧乃能得制人而不制於人之效雖然知機而變敵我同具之可能性惟此種能力所發各不同緩急之間勝負分矣着法之不可盡恃於茲益信太極拳經所謂「動急急應動緩緩隨」非以懂勁爲機變之公式乎觀敵進退手步身法以爲知機此現於外者也其法須於拳式之變化中式式求之能隨

敵而緩急如意寓機變於無形之中者爲上乘是在人之自爲而已

六 審詭詐

兵不厭詐振古如茲雲出無心於拳爲烈故有聲東擊西之謀指南打北之計語云上打下踢皆是計各種拳法無不奉爲秘訣以爲對敵制勝之唯一計畫在太極拳亦有之然於虛實奇正之中已包括無遺今試就上打下踢舉例言之進步栽錘式上擊敵之頭部也仕着法方面我若以左手扣敵右臂以右拳高舉右鬢側作欲探擊敵面部之勢敵被驚後必挺胸抬頭以左手上格一轉眼間我拳已下栽其腹矣若在用勁方面則敵若握吾右腕即順其扣勁前栽此式應用似上打實下打也雙風貫耳式亦上擊敵頭之法敵若上格即用進步蹬脚以傷之此似上打實下踢也若以披身踢脚式踢敵敵若格攔即以雙風貫耳式擊之此似下踢實上打也此三式所以接連演練之故以其相與爲用也（嘗閱小說水滸傳武松醉打蔣門神所用之玉環步鴛鴦脚即此三式之連貫應用）但仍不出虛實奇正之範圍用之能否得當仍視其人之功行而定未可以詭詐目之余嘗謂拳術之眞傳決無詭詐而欲知其是否眞傳概論之可分三等以藝勝人者爲上等以意勝人者爲中等以詭詐致用者爲下等何謂藝懂勁熟着運用自如所向披靡全不着相者藝也何謂意所學着勁未至精純以法擬敵得失參半者意也何謂詭詐別

無眞藝自我爲師鬼蜮含沙以求僥倖者詭詐也上焉者自然成功即不欲成功功亦來逼之譬吾人牙牙學語之初始願未嘗望今日之壓壓侃侃也因其所學之無誤積以歲月自然以成當廣場華屋高談雄辯時豈復自幸其由牙牙以驚四筵之成功哉故雖孱弱之子苟得其眞而不惜研究精進之光陰可保証其成功非奇怪事也中焉者亦嘗能以拳法勝人矣惟無老到之功行如文章久荒措辭乖意如書生騎馬左支右拙有意用法而法不如意此則猶能達成功之域惟尙待情密不懈之功行耳下焉者以敎者視藝如金或藝非眞傳以致學者得藝甚難除實事求是外無特殊之秘訣且并其原有而失之故有謂師傳拳藝必留最妙手法不肯授人之語此等欺人之談適足自暴其陋夫不傳即始終不敎之耳何必只留少數手法如爲眞傳則一着一勢即可稱雄於天下又何貴乎多但此種傳聞實爲自絕其傳之工具以致後世愚夫遂眞秘其要點不以示人而國術一道漸就淪亡或以爲專制時代銷兵鑄金政策之一種愚者不測遂自就滅亡是或然歟然而學者以無所得故於是師心自用妄立法門甚至於談笑之間冷手傷人或藏暗器或揚灰土設陷埋網無所不至此爲疆場對敵警軍捕盜之計畫施用於國術之中人方矜其周密嗟如此勝敵曷名爲武夫取諸其身者謂之眞藝假借他法者胡不備手槍以殺人此以少數之金錢能爲之又何待數十年之苦功哉日之爲詭詐之方尙覺靦覥之吾門人士務孜孜於

眞藝實功之研究而勿趨於異端也夫審敵勢察敵情雖關勝負之道然屬諸人事豈徒對敵爲然哉天下萬事無不應循其理太極拳何能外此例惟眞意所在實以具有之特長與獨到之功行而克敵致勝故聲東擊西指南打北之計皆列虛實奇正之內而發於自然毫不加意於其間若詭詐者謂爲應變之術以防敵之詭詐可耳惟我即不用不可不知又安能必敵方之不用乎世之習國術者以詭詐致用所在多有與功行雖無關然比比不防者輒蒙其害以堂堂正正臨敵者其亦知所審察也夫

七 務實用

學國術志在致用然竭畢生精力勞而無獲者爲數當不在少推其所以然之故約有數端而以徒沾虛名不務實用者居多數學太極拳者亦何能逃此例有解之者曰今人皆以太極拳之運動柔緩稱便不背生理原意即爲健身而練習志不在用故不須計其有無所獲余應之曰否專爲運動者則運動之方法甚多何須致力於太極拳若以太極拳爲運動妙訣專意爲之未有不能應用者譬吾人當童稚之時苟因唇舌不靈而學語言雖名之曰運動唇舌然久之自能習成語言若所學非語言則其終不能語言也必矣是故勞而無獲者因冒習太極拳之名而不務太極拳之實用也其中僅知拳式不明應用者有之明應用而不作實際之探討者有之徒標虛名無益於己更或好爲人師妄言不慚自欺欺人莫此爲

甚以致好學之士反疑拳法無用見異思遷豈非爲不務實用之蔽所影響耶不佞興念及此恝焉以憂爰將實用上應注意研究之方法摘述若干分類舉例以引起專攻太極者揣摩致用之興趣亦行遠自邇之意舉一反三在智者之自修畧舉數例不復多及

一　開合　進退上下陰陽剛柔皆相對之名詞在應用亦相對聯用所謂開合勁也初習拳法於各個姿式有得後首宜習開合勁此爲循序漸進之初步凡前後左右上下之往復皆屬開合而於應用上亦無不合理而中的舉例於次

1、攬雀尾式　擺敵之臂以散其勁繼即爲擠手或按手向上掤敵繼即爲推切手或按手

2、上提手式　搭敵臂內合向撤繼即提擊敵頭部順手撥扣敵腕使之前傾繼即運勁於腕向上提擊

3、如封似閉式　格欄敵手順勁撤化反手前推

4、手揮琵琶式　順敵來勁撤化前推

右舉數式其勁變化繁複然不能出開合往復之範圍正所謂「一陰一陽之謂道」即此例彼已可概其餘太極拳論云「有上即有下有左即有右有前卽有後如意要向上卽寓下意云云」此種練習與應用

皆順人生自然之反應動作而爲之初學應用只致力於開合二勁能知隨敵之反應則知所以粘走雖千變萬化皆由此生如求合於實用則於演練時須以全力注意爲之設練攬雀尾之握攬其意若攬定敵臂握散其勁復知敵之被握必回撤也當握勁未畢已伏向前擠按之勁久久存心演練窺其用意不求進功而功自進各式之演練均綜此意爲之復加以推手術摩盪以察敵勁凡各種着勁循序漸增自可合於實用也

二　用着　前述開合勁乃演練與實用初步根基不關任何一式所舉數例僅爲証明各式皆具此種陰陽相濟往復之勁吾人應逐一研究之以爲進功入手之方法此言用着即專舉各式之應用以討究對敵致用之着法也仍按「明理」篇所舉分爲掌拳脚三者各舉數例於左

1、掌

摟膝拗步式　此式用拗步而以掌擊敵掌之應用分撲擊推按數勁下摟之手屬於防敵前擊之手屬於攻敵又可左右摟打在掌法最爲重要有戰無不勝之稱其用法甚多茲言其要者凡敵手進入吾圈內即以摟手旁開以拗手直撲其面敵他手來防即順勁下摟以前之摟手作撲擊手擊之若摟開敵手以拗手橫貫敵頭敵他手來防即以橫貫手下摟以前之下摟手横貫之此種用法

一爲直撲一爲橫貫其妙在不論敵用何種手法來擊皆能勝之以此式根本一手爲防一手爲攻其發手之遲速視敵手之緩急爲標準而每能後發先至連環不絕昔有同志致力於此着五年今已所向披靡能禦之者鮮矣習太極者多不重視以簡而忽之尙希有以研究之也

手揮琵琶式　此式化人發人擊人各法兼有之設我腕爲敵所執卽順其執勁向內或向外畫半圓圈敵勁自化我腕自脫化敵手後進手推擲卽屬發勁如當敵手暫來順其來勁攦之或向斜後方將之敵一前傾卽下扣其臂而以掌向上撲擊其頭部或中擊心窩或下撩海底皆足以制敵死命昔曾有用以致禍者未可輕易逞快於一時也

斜飛式　與敵手相搭如爲拗手卽以順手撥扣或挑起隨以拗手擊敵頭部如敵他手格攔卽纏捋其腕勝手下擊敵小腹敵再下防則變上提手此式以反掌擊敵腕用剛勁

以上三式對於掌法之上下中左右各用法俱包括之撲擊推按貫撩等勁亦俱完備舉此以例其餘各式着法皆應類推不復具載

2、拳

搬攔錘式　太極拳有五錘而搬攔居其一此式應用分上中下左右前後中八部專主打擊向裏

搬扣敵手爲搬向外格欄敵手爲欄上中下左右者拳擊之部位也前後中者進退及原式不動之步法也應用時有先搬後欄有先欄後搬等法設敵右手擊來卽以左手搬扣右拳前擊敵手外逃卽順勁欄之如當搬扣前擊時敵左手來防卽以搬扣之手向左欄架吃住敵肘上右拳撤回再擊此先搬後攔兩次擊錘也設以左臂欄敵右手以右拳前擊敵若以左手下按吾拳卽順勁以左手下搬此時敵右手被欄多反應下按吾用搬手決不頂勁右拳仍係撤回再擊此先欄後撤亦兩次擊錘也綜上述兩着皆爲兩次擊錘在實用上一擊不中再擊無不中者此中大有研究價値蓋一擊之時敵每以全力來防不及則擊中如已防之或用力太過當時吾若二次運發敵不虞同時同法之再擊也且變化甚速胸有成算久之自成習慣故同法再擊如不失機多能命中也上中下左右搬欄錘以所擊之部位不同則繼用之着法有異擊敵頭部之謂上繼用如封似閉式最宜擊敵胸腹之謂中繼用扇通背式爲宜擊敵小腹之謂下繼用抱手式前推或提手爲宜（敵右步在前宜用提手左步在前宜用抱手）斜進左步以左手向右搬擨敵右臂以右拳擊敵右脇者爲左搬欄錘用左手搬或欄敵之左臂以右拳敵左脇者爲右搬欄錘至若進步卸步或原式不動則所謂前後中也太極拳單式練習法更全部分左右之應用此則僅就原式以左手爲搬欄右手爲錘耳

吾人一式一着務求實用以人試驗苟爲習慣則於應用時不知其然而然莫之致而至神乎技矣

彎軍鎚式　前式稍引過繁此式略其人所習知之應用不論而覓得其解破擒拿手之着法供吾人之探討研究經常相互交手每遇順手被擒人多以尋常走勁之法向外化走今以此式解之設右腕爲敵左手所擒隨其下按之勁以左手扣其手折向右臂向左脇後撤成肋下交叉手此時敵臂直伸吾即以肘搶壓其臂敵必負痛自倒然後再以彎身錘反背擊敵面部他拳有此法名曰搶臂但恃力下壓此則先化敵力而後搶壓固毫不費事也施諸實用已獲有良好之成績故介紹於我同志一研究焉

以上兩式僅舉其必應研究之實用爲例所望愛習此拳者不憚詳求發揮而光大之也

3、脚

分脚式　向左右以脚踢敵者用此式無論粘近敵身與否皆可用譬敵右手來擊即以右臂向外挑擲起脚踢右脇此法簡而用無不中

披身脚式　此式當實用時注意後步向後移動半步所以閃避敵之猛衝也披身以卸敵勁待敵手至即向外挑擲起脚踢之

蹬脚式　敵手高來或以高手擊敵之時皆可用蹬脚不限於任何姿式

擺蓮腿式　設敵猛力直撲或兩拳連環進擊吾俟其左拳來時順其來勁雙手向左後方閃身擺撤同時向右後方旋進左步將身起右腿擺踢敵多被傷或仆倒

右於用脚用腿亦畧舉數例所應知者凡用脚之法多爲及遠或敵多人尤須輕靈不滯

前舉用着之例不過滄海一粟吾人習太極拳者應式式作如是之研究不必盡由師傳見仁見智人各不同雖一着亦可成功切勿徒尚空式更標高論言不顧行自貽伊戚也哉

三　用勁　太極言勁爲獨具之特長然勁必由着中求之前言開合爲勁之一但有意可循易於揣摩故致力於演練姿式久而遂成大多數能合應用其餘各種勁多隨時發生不可固定悉隨着法之變化而勁亦變化是以研究用着之法即爲研究用勁之法味「由着熟而漸悟懂勁」之語可以知之矣今亦畧舉數例備研究者之參考焉

1、掤勁　與敵接觸之初出手應穩含掤意掤者向上之勁外柔內剛向上可掤起敵人向前可使敵難進用勁有度過與不及皆非也設與敵拗手相搭敵如有上步意其機一動我即迎而掤之敵不惟難進其他手雖來亦不能得勢或竟失其重心我若變捌手或按手發擲敵多有倒者再掤勁防之猛衝及鑽捆等法最宜爲交手之先鋒勁用掤之後隨敵力之方向或發或攄或按或擧惟心所欲但化走敵勁切忌僅用兩臂膊須全身變化所謂「一動無有不動」也不論演練與實用皆如此若僅用臂腕化敵苟或丟頂失機必爲敵制故獅子搏兎亦用全力其他各勁亦莫不應以全副精神出之至於拳式中凡向上之攔架挑撥等勁亦皆統於掤勁之內因時而用應自求之

2、攄勁

順敵來勁以攄之不限於向後凡感覺其勁所至之方向而能用攄法者皆可攄之經常用掤勁按勁而引起敵之反應頂勁最適於用攄故用掤按時其繼用之法應預伏攄勁嘗與敵交手時如我手已按及敵身或掤敵臂敵之不肯柔化者多挑架欄格我則順其來勁可充分發揮攄勁之能力攄勁得手則依次繼發之手每輕靈無滯而不費力深合「引進落空合即出」之定義如敵來勁不適於用攄而强攄之雖亦有時勝敵謂之用力用着可謂之用勁則不可蓋用勁懂勁者無丟頂之失用力用着則不免焉故用着苟至於熟丟頂之弊自去一躍而入用勁懂勁之域者是爲大成其研究進步之功蓋皆不外若是之路徑也今舉攄勁爲例凡將勁領勁拉勁帶勁等日常見於交手間者皆屬之研究實用者當分晰揣摩之也

前述研究用勁之入門方法以掤握兩勁爲例其餘各種勁於八勁之外爲名尙多貴在吾人實際探討勿輕易放過余今不復贅列免徒占篇幅至着手之方不妨自定而就正之道責在諸師特標鄙志顏曰務實用

八　識時勢

兵法亦有言夫時勢者矣蓋料敵進退趨避攻守得其宜此對敵者分內事以言乎時勢又高一着焉譬遇敵於荒野之間或器械相擊或徒手相搏其勝負之關於手法者十之七繫乎時勢者十之三如淸晨相鬥宜背東而面西所以避日光之照耀也雨後互擊宜擇乾而避濕所以防泥濘之滑跌也他如觀風向察地形盡吾力之所能防意外之失敗在太極拳以防人爲主固不僅限於交手以後也故關於屋帷進退之難易器俱之碍累是審戰於市惟敵方之黨衆旁觀之趁手是防勿驕勿怠驕必敗怠必失幾若置身天地之外鎭靜蕭閒視人世一草一木均爲吾作戰之利器則勝負之點可決其半孰謂拳法不及兵法乎是以審時度勢以補着勁之窮事雖無關於功行情實有繫夫勝負「支撑八面」「我獨知人」苟或不然雖功行優異着勁精熟而敗名喪身亦指顧間事標舉要義以告同人其於瑣屑不復縷列

九　禁驕吝

國術界之門派䵷若鴻溝自昔已然雖經融合其專長化除其私見而積弊所在賢者不免余嘗謂國術之失傳不振由於國人之鄙棄國人鄙棄在乎武德之不重武德不重基於門戶之見可知門戶之爭競實自絕其傳之工具而最顯著使人鄙棄者除人格卑下外厥爲一驕字非自己鼓吹即稱述其門派之盛藝術之高以至師弟輩之功行如說評書者然奇說怪誕不可一世有識者掩耳嗤鼻無知者瞪目咋舌於是同道相忌互相標榜而主奴汚附之見遂起又烏得不遭人之白眼致人之鄙棄哉夫各門國術之傳各有其精華獨到創此術者亦自有其身價無待今人爲之宣揚吾人以有限之精力未足博研衆長故專學一門以求深造同爲學術耳凡發始發明之者皆應致敬佩之誠亦何有親疎厚薄於其間乎無所用其代爲稱述更無用自行鼓吹也今之習太極拳者多忽於義理之研討而於姿式之大小文武妄擬派別自相水火同門尚不免人我之見况其外之門派乎日以化除門派自號者不自知其躬蹈之蓋是己非人之念互於中而攻訐傾軋之舉交乎外徒十分表現其井蛙之見乃復以術自私深自秘惜不輕示人故從學之士衣鉢謹承於驕字之外更增一吝字國人因之而鄙棄斯道將至于式微夫以周公之才之美驕吝則不足觀其餘矧以一藝自保而敢驕且吝哉况技擊一道自昔即代有名手深山大澤實生龍蛇芸芸衆生既未可以貌取尤未可以力相量也當今海禁大開萬國互通科學昌明體育精

進拔山扛鼎之士空空妙手之人雖未多覩要不可指數又豈得以一國一家之術而抹殺天下乎且古之任俠義勇之流率皆以謙下好問相砥礪此所謂大敵怯小敵勇三十年老娘或倒繃孩兒初生之犢不知有虎也是故學武臨敵首在謹愼有若無實若虛匪惟不敢驕尤且不敢不謹也更見以國術授人而不盡其術者是殆所謂吝者之流耶有朋自遠方來盡心推廣之不暇何爲而靳惜詭秘之乎余於是知此輩之不足以言學術誠楚傖也原夫創造國術者之初心蓋欲得所好者而傳之故一步之未逮未足以爲善也一手之未合未足以爲善也推敲矯正煞費苦心而猶恐口傳訛誤更筆於書以解說之何後世不求其理詭秘自私抱藝以終輾轉相傳日就退化國術前途悲觀極矣豈非吝之一字有以促成之歟余以聞見所及深知其非專研太極拳者標高名惜授受有致謗者矣是或道高毀來靈龜先灼耶雖無關體用而有梗流傳明智之士應責己重周以武德爲務禁驕吝以除積弊化門派而貴實行一挽頹風以康我道

十　廣見聞

語云他山之石可以攻玉如切如磋如琢如磨學問之道不當若是哉相傳少林僧以拳技甲天下其法重搏人脊勢多勇猛身軀弱者習之不便或且生過激之弊此就運勁言之也若其身手步法之關於技

擊應用者甚可取習太極拳者稍涉獵之亦可不勞而獲余幼時從事於此者六七年迨從師習內功始棄去然其着其勢與內功合而化之亦至妙之方法也嘗訪友遇精拳技者莫不詢其所長欣然請教歸而求之亦頗有得夫內外功之分僅就功行而言其應用之方曾無大異故吾人研究應用於內外之分應存而不論蓋吾國拳技流傳既久其間不乏奇才異士之研求創作各具得骨得髓之妙揚驪分道派別繁多倘輯其精華分晰鑽研作融合之探討爲哲學爲科學若生理心理教育動力靜力幾何諸學上當別開生面爲破天荒之一大學術也惜乎人多門戶異同之見公開不易非有力者從而提倡之則無以破其固執之勢夫負藝自滿是故步自封也故夫學者若驕然自滿則其人之學識終如是矣其謙遜若不勝者則其後未可量也循此理也可以立身可以相天下士何今之學者固守一師之傳姝姝自悅而不欲盡天下之技集於一身乎是聞不廣爲之障礙焉耳廣之云何詎可執途人而遍問之耶亦惟禮明師交益友切磋而琢磨之矣其尤要者厥爲歌訣昔人云得來真訣好用功訣之爲用大矣哉我國拳藝向少專書率皆口傳心授而藉以流傳其言着言勁也曰歌曰訣取簡明易記其爲人所習知者如太極拳形意拳易筋經等皆有著述行文簡要爲拳藝界傑作其餘劍經棍法少林長拳等歌中平槍歌率皆可取下至江湖拳勇之士歌訣雖多鄙俚然亦間有中竅要者未可遽廢蓋拳藝之流傳既多必有輯

其精妙傳於歌訣者故有謂習拳法而不知訣終無以臻神化之境且歌訣之流傳最遠亦最古今之拳式每有一派而姿勢應用大異者僅存其原有精神若循歌訣以研求之可得古法兼明遞傳之變遷蛛絲馬跡或由此以覩國術中興之盛而况蒲盤玄妙類能一語道破「默識揣摩」積久而功行漸進豁然貫通躋於大成良以理達則法舉源充則流沛衆妙畢集體用斯備洋洋乎國術之大觀也豈惟習太極拳者應若是哉

第五章 太極拳辨惑

許禹生先生曰太極拳之推手或稱搭手亦曰靠手各派拳術家多有之以練習近身用着之法也是言也足以証明太極拳無異於各家拳術且亦練習用着由推手以求至於懂勁余今推廣其說以解習太極拳者之惑

一 行功眞諦

今之言太極拳者無不曰要在懂勁不重着法不拘形式斯言也爲功成者立論則尚可爲初學者作指南則大誤也夫太極爲天地萬物之本包羅萬象終身由之而不得其道拳以太極爲名其理至可深思是豈率爾可臻神化者必有以爲之階梯者矣則形式固不可不講着法尤不可不論也今之言者毋乃

假勁自雄獨標一格以求譽於世然其言失平而其志亦卑矣是雖一技之長創之者亦艱辛締造惟恐不傳爲理論爲社會者有絕大希冀非抑人崇己强容於世以爲他拳尙着我獨言勁他拳講形式我獨重精神標名雖高而自迷途徑蓋未喻義理之勇尤不明行功之眞諦也吾國拳家武當少林而外派別尙繁各有獨到然太極兩字無所不包他拳法所有者太極拳應盡有之但以順乎自然之理合乎陰陽相濟之勁若是者雖曰非太極拳不能也太極拳法各式各有其應用然即此應用之法遂謂此外別無法而他法即不成其爲太極者亦不能也故習太極拳者無定法則無以成功守定法則難期神化所謂良工能與人以規矩而不能使人巧也由法式以窺應用不貴多而貴精得骨得髓人各不同精一着而萬着畢具精一勁而萬勁咸通蓋理達則法生夫何待技節而爲之哉不然將何以集天下之法而備於一種拳式乎亦惟集思以廣益由博而歸約焉是故太極拳之勁歸於推手者僅八法八八六十四法以象卦數而推演之但不必固拘提樓撥攔何非勁名可知各家拳法所稱之勁無不可採入太極拳者有一不備卽不足以成立太極之名不足以包羅萬有之象非固守以爲法非立異以爲高乃學者不測侈然自足以懵勁機械而味於行遠自邇之義終其身茫茫焉如將人投井甚矣斯道之危也嘗謂學問之道貴得其眞諦悉其步驟然後繼以躬行積以歲月而後有成非然者徒標美名難期實踐北轍南轅與

道背馳幼而習之齒說髮童而無所就是又何苦乎以有用之光陰爲此無益之事也哉吾國百藝之傳類託之神秘故使人覺其深奧而不敢問津偶獲一知半解遂亦駭世炫俗惟恐不神其說而人亦以神秘相推許傳者珍若拱璧學者視爲畏途故其傳愈晦眞諦漸失病之所在國人熟視無睹尤可歎也太極拳之言勁拳家之常理也匹夫匹婦可以與知何必崇之使高令人可望而不可即勁之應用惟在着熟着之當否悉關姿勢此中捷徑數語可以道破學者循是以求未有不可臻神化者每見習太極拳者行功數年不明應用遑論懂勁且群以爲運動身體有餘對敵制勝不足而爲教師者則以懂勁自標奇說怪誕相尙學者茫然莫知所向余故舍高而言卑後勁而先着然豈遽敢自謂有得惟勉學者勿自命高崇勿誤入歧途而已

二 着勁應用

太極拳之應用本諸周易太極之理以柔克剛以靜制動以簡御繁以逸待勞深有合於近世之力學其最高之標的則曰懂勁其經過之程序則曰熟着蓋着不熟無以入懂勁之域勁不懂無以覺太極之功也如觀其姿勢亦無異於其他拳術然運動則注重精神應用則以防人爲主以小敵大以無勝有是其妙自有超乎一切拳術者矣各家拳法無不有着以着爲最高標的也太極言勁䍐着而上之故成功之

後不恃着而恃勁然即其着法亦無一不合於勁之原則就着而生勁籍勁以用着渾然而爲太極之象也且着勁固非二也近人誤解有懂勁而輕着者夫勁爲無形不言着何以明勁所謂勁者着中之勁也着熟則勁自順由微懂畧懂以至於無微不懂無處不懂乃爲懂勁斯能用勁矣他拳着熟則止立標較近故最精不過着熟而太極拳以懂勁爲標着熟者是其次焉者也其着勁之應用如環無端縱橫高低進退反側無不面面俱到學者於姿勢既正之後進而練着與相手任意應用則其妙自生更習推手術以求懂勁自有意外之進益至勁之妙訣曰圓曰順此中玄妙功深者可自求而得也